Römische Badruinen
BADEN-BADEN
Museum antiker Badekultur

1x freier Eintritt
gültig für eine Person im Wert von € 5,–
nähere Infos auf Seite 29 oder unter
www.badruinen.de

kunsthalle
baden-baden

1x freier Eintritt
gültig für eine Person
+ 20% Ermäßigung
auf eine Bestellung im «Café in der Kunsthalle»

nähere Infos auf Seite 60 oder unter
www. kunsthalle-baden-baden.de

Stadtmuseum Baden-Baden
1x freier Eintritt
gültig für eine Person
nähere Infos auf Seite 64 oder unter
www.stadtmuseum-baden-baden.de

Ermäßigter Eintritt
Bei Vorlage dieses Coupons an der Museumskasse
erhalten Sie 10 % Ermäßigung auf den Eintrittspreis.
Weitere Infos auf Seite 21 oder unter
www.faberge-museum.de

oder
Kostprobe Winzersekt (3 Sorten)

Mauerbergstraße 32 · 76534 Baden-Baden Neuweier
Tel.: 07223 96870 · www.baden-badener-weinhaus.de

Foto: Ilona Peter

Museum für Kunst und
Technik des 19. Jahrhunderts
1x freier Eintritt
gültig für eine Person
nähere Infos auf Seite 58 oder unter
www.museum.la8.de

Ihr Gutschein aus dem Stadtführer «Baden-Baden zum Kennenlernen»

Römische Badruinen

Aquensis Verlag Pressebüro Baden-Baden GmbH • Tel.: 07221 971450
Maison Paris – Pariser Ring 37 • 76532 Baden-Baden • www.aquensis-verlag.de

Ihr Gutschein aus dem Stadtführer «Baden-Baden zum Kennenlernen»

Staatliche Kunsthalle Baden-Baden

Aquensis Verlag Pressebüro Baden-Baden GmbH • Tel.: 07221 971450
Maison Paris – Pariser Ring 37 • 76532 Baden-Baden • www.aquensis-verlag.de

Ihr Gutschein aus dem Stadtführer «Baden-Baden zum Kennenlernen»

Stadtmuseum Baden-Baden

Aquensis Verlag Pressebüro Baden-Baden GmbH • Tel.: 07221 971450
Maison Paris – Pariser Ring 37 • 76532 Baden-Baden • www.aquensis-verlag.de

Ihr Gutschein aus dem Stadtführer «Baden-Baden zum Kennenlernen»

FABERGÉ MUSEUM

Aquensis Verlag Pressebüro Baden-Baden GmbH • Tel.: 07221 971450
Maison Paris – Pariser Ring 37 • 76532 Baden-Baden • www.aquensis-verlag.de

Ihr Gutschein aus dem Stadtführer «Baden-Baden zum Kennenlernen»

Baden-Badener **Weinhaus am Mauerberg**

Aquensis Verlag Pressebüro Baden-Baden GmbH • Tel.: 07221 971450
Maison Paris – Pariser Ring 37 • 76532 Baden-Baden • www.aquensis-verlag.de

Ihr Gutschein aus dem Stadtführer „Baden-Baden zum Kennenlernen"

MUSEUM LA8

Aquensis Verlag Pressebüro Baden-Baden GmbH • Tel.: 07221 971450
Maison Paris – Pariser Ring 37 • 76532 Baden-Baden • www.aquensis-verlag.de

BADEN BADEN

zum Kennenlernen

Ein Reise- und Stadtführer

12. aktualisierte Auflage 2022

AQUENSIS®

ISBN 978-3-95457-231-1

RA Y 230

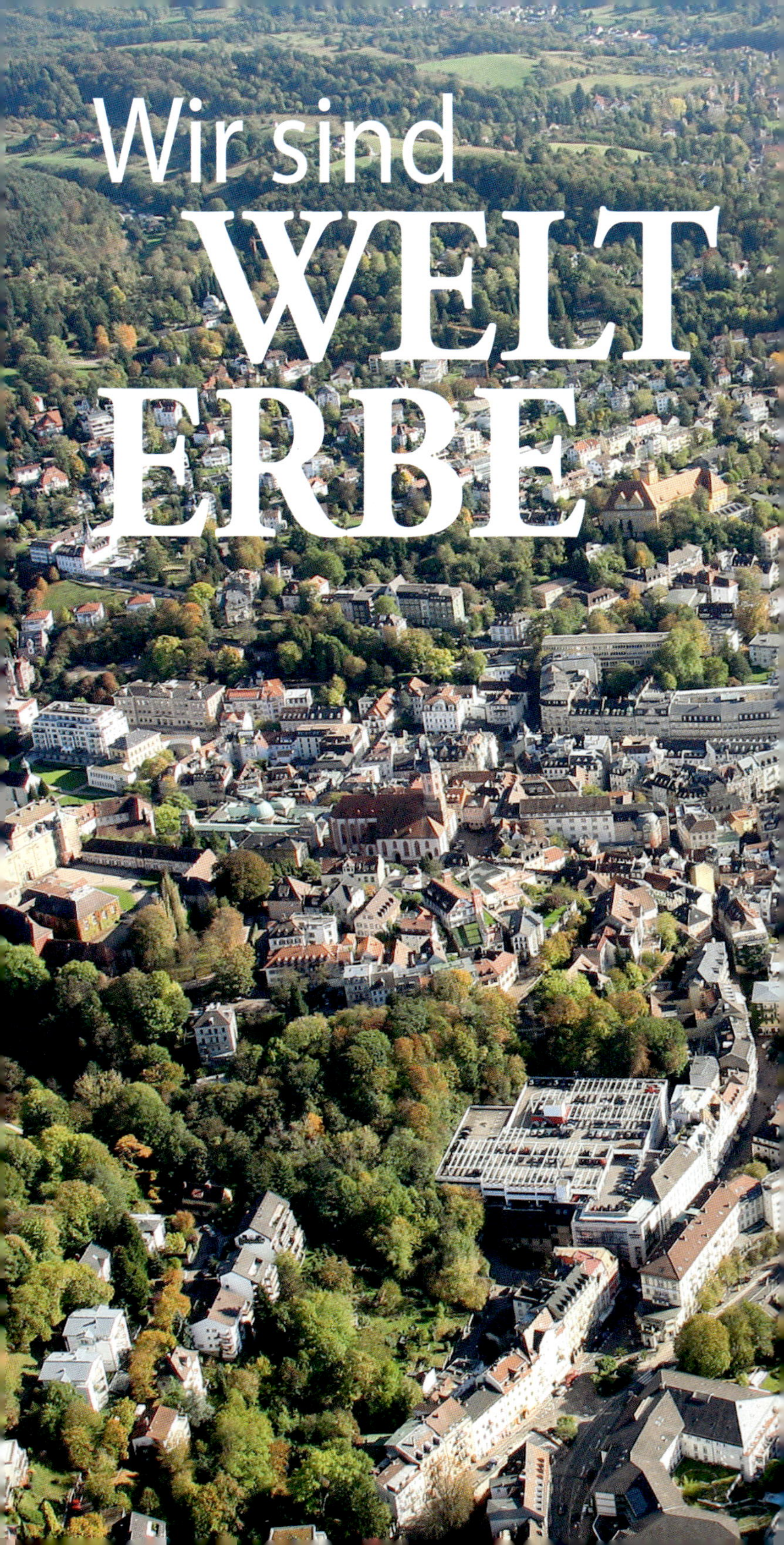

Wir sind
WELT
ERBE

Im Juli 2021 wurde Baden-Baden zusammen mit elf weiteren Bäderstädten als „Great Spa Towns of Europe" in die Welterbeliste aufgenommen. Seitdem steht der größte Teil der Innenstadt unter dem besonderen Schutz der Weltgemeinschaft.
GREAT
SPAS of Europe

Erste Eindrücke

Diese Stadt ist ein Mythos.

Immer noch und schon wieder. Nicht umsonst wird Baden-Baden – mit etwas mehr als 50.000 Einwohnern beileibe keine Großmetropole – gerne als die „kleinste Weltstadt" bezeichnet.
Natürlich sind da die „Highlights", die den Namen der Welterbe-Stadt in aller Welt bekannt machen: die Bäder mit ihrem heißen heilenden Thermalwasser, das unvergleichliche Casino, das stilvolle Kurhaus mit seinen großen Ereignissen, die Internationalen Galopprennen in Iffezheim, die prächtige Lichtentaler Allee, das große Festspielhaus mit den Auftritten unzähliger Weltstars oder das Museum Frieder Burda direkt neben der Staatlichen Kunsthalle.
Das allein genügt, der Stadt eine besondere Stellung zukommen zu lassen. Doch das allein macht den „Mythos Baden-Baden" nicht aus.
Wer nach Baden-Baden kommt, der spürt schon auf dem „Zubringer", der grünen Stadteinfahrt aus Richtung Autobahn, Bahnhof und Baden Airpark, den außergewöhnlichen Charme und die Ausstrahlung dieser Stadt. Und nach dem ersten Kennenlernen stellt sich schnell eine fast schon intime Vertrautheit mit diesem „Gesamtkunstwerk Baden-Baden" und seinen Menschen ein.

Die Stadt ist von der Natur bevorzugt – nicht nur wegen der Quellen, die unermüdlich das heiße, heilende Thermalwasser spenden. Baden-Baden ist landschaftlich reizvoll eingebettet zwischen der weiten Rheinebene und den sanft ansteigenden Schwarzwaldhängen, der Frühling kommt hier ein wenig früher als anderswo, der Herbst bietet dem Winter ein wenig länger die Stirn, fast schon mediterran ist das Klima. Das und die Verbundenheit zum sehr nahen Elsass sind mit ein Grund, dass sich die Menschen in Baden-Baden ein wenig mehr der „Kunst des Lebens" zuwenden.
Baden-Baden besitzt den größten Stadtwald in Deutschland, sein Wanderwegnetz umfasst mehr als 500 Kilometer, die Weinanbaugebiete in der Stadt und im Baden-Badener Rebland sind berühmt für ihre hervorragenden Weine, weitläufige Alleen, gepflegte Parks, der Hausberg Merkur, der Battert-Felsen, Altes und Neues Schloss, die gemütlich dahinplätschernde Oos, die großen und kleinen Hotels, die vielen stilvollen Villen, die zahlreichen historischen Gebäude, die traditionelle badische Gastfreundschaft, die zahlreichen Gesundheits- und Schönheitsangebote, und die großen Ereignisse in Kunst, Politik, Sport, Medien und Gesellschaft – das alles prägt das Bild der Stadt.

Sie werden es erleben: Diese Stadt tut einfach gut.

Kleiner Streifzug durch die Geschichte

Geschichte und Geschichten begegnen dem Besucher in Baden-Baden auf Schritt und Tritt.

Es waren die Römer, die diesen Ort vor rund 2 000 Jahren zum ersten Mal zu einem gefragten Ziel machten. „Aquae Aureliae", so ihre Bezeichnung, war der ideale Ort für Genesung und Wohlbefinden für Kaiser, Soldaten und ihre Pferde. Die römischen Badruinen unter dem Friedrichsbad zeugen nicht nur von einer hohen römischen Badekultur, sie lassen auch ahnen, was für eine große Bedeutung dieses Bad für sie als Treffpunkt hatte.

Doch schon lange vor den Römern siedelten hier Menschen: Grabfunde aus der späten Bronzezeit belegen eine Besiedlung bereits um 1 000 v. Chr. Die ersten Spuren menschlichen Lebens im Tal der Oos stammen sogar aus der mittleren Steinzeit vor etwa 10 000 Jahren.

Auch Baden-Baden wurde in den vergangenen 2 000 Jahren von Unglück und negativen Einflüssen verfolgt. Es gelang der Stadt und ihren Einwohnern aber immer wieder, sich zu behaupten – trotz politischer Wirren und wirtschaftlicher Depressionen, trotz Kriegen und Katastrophen, trotz mancher Fremdbestimmung und unbeeinflussbarer Zeitströmungen.

Denn Baden-Baden konnte – insbesondere in den letzten 200 Jahren – aus einem Füllhorn von Möglichkeiten schöpfen und hatte stets etwas Besonderes zu bieten: War das Glücksspiel verboten, so gewannen Bäder und Kur automatisch an Bedeutung. Könige und Fürsten, Komponisten, Denker und Dichter machten die Stadt zum gesellschaftlichen Zentrum und fanden hier „vorzügliche Herbergen, freundliche Menschen und eine ganz wunderbare Atmosphäre."

Aufzuzählen, welche berühmten Persönlichkeiten der vergangenen Jahrhunderte nach Baden-Baden gekommen waren und welche die Stadt bis heute immer wieder besuchen, würde ein Buch füllen. Nur einer war nicht da: Goethe. Glaubt man den Legenden, so war der Meister nach vielen vergeblichen Reiseabsichten endlich nach Baden-Baden unterwegs, als kurz vor der Stadt ein Rad seiner Kutsche brach. Entnervt kehrte Goethe um...

75 n. Chr. bis ca. 260 Die Römer kommen, entdecken die Heilkraft der Quellen und bauen Kaiser-, Soldaten- und Prunkthermen. Sie nennen die Stadt „Aquae Aureliae“ (1. Blütezeit).

712 Erste urkundliche Erwähnung.
Merowingerkönig Dagobert III. schenkt die Mark samt ihren heißen Quellen dem Kloster Weißenburg.

1112 Hermann II. begründet die Markgrafschaft Baden. Unter seiner Regierung entsteht die Burg Hohenbaden (Altes Schloss).

1256 bis 1400 In einer Urkunde des Markgrafen Rudolf von Baden erscheint erstmals die Bezeichnung „Stadt Baden“.

1245 Stiftung Kloster Lichtenthal durch Markgräfin von Baden.

1365 Straßburger Bürgern wird für Badereisen nach Baden freies Geleit gewährt.

1473 Das Badeleben blüht. Kaiser Friedrich III. kommt zur Kur nach Baden. Zwei Jahre später wird Baden Residenzstadt. Die Markgrafen verlegen ihre Residenz von Burg Hohenbaden (Altes Schloss) ins Neue Schloss (2. Blütezeit).

1507 Markgraf Christoph I. gibt Baden eine Stadtordnung und führt die Kurtaxe ein.

1601 Leibarzt Dr. Johannes Matthäus führt die Badeschlammkur ein (Fango).

1688/89 Französische Truppen besetzen Baden – am 24.8.1689 legt der Große Brand fast die ganze Stadt und umliegende Burgen in Schutt und Asche. Der Wiederaufbau dauert fast ein ganzes Jahrhundert.

Das Kaiserin Augusta-Bad um 1910

1706 Markgraf Ludwig Wilhelm, genannt der „Türkenlouis", verlegt seine Residenz nach Rastatt.

1797 Beim „Rastatter Kongress" entdecken europäische Fürsten und Diplomaten Baden-Baden für sich – eine neue Ära beginnt: Baden-Baden wird zur Sommerhauptstadt Europas (3. Blütezeit).

1798 Zum ersten Mal wird das Glücksspiel offiziell erwähnt.

1810/11 Friedrich Weinbrenner und Tulla arbeiten die Pläne für ein neues Kurviertel aus, das Jesuitenkolleg wird zum Konversationshaus mit Spielbank umgebaut.

1815 bis 1834 Im Zuge der Stadterweiterung werden die Stadttore gegen den Willen des Architekten Friedrich Weinbrenner niedergelegt.

1838 Jacques Bénazet übernimmt die Spielbank – mit seinen Ideen und Initiativen schafft er die Grundlagen, die Baden-Baden binnen kurzer Zeit zur „Sommerhauptstadt Europas" machen.

1858 Otto v. Bismarck und Graf Cavour im „Hotel d'Angleterre". Erste internationale Pferderennen in Iffezheim.

1860 bis 1863 Fürstenkongress in Baden-Baden. Attentat auf König Wilhelm von Preußen in der Lichtentaler Allee. Drei-Kaiser-Treffen: Franz Joseph von Österreich, Zar Alexander von Rußland und Napoleon III. im „Hotel d'Angleterre".

1872 Schließung der Spielbank auf Beschluss der Regierung. Der Schwerpunkt in Baden-Baden wird wieder vermehrt auf das Kurangebot gelegt. Aus dem bisherigen Privatorchester des Spielbankpächters wird das 1. Städtische Orchester im heutigen Baden-Württemberg. Fortsetzung der glanzvollen Baden-Badener Musiktradition mit Johann Strauß, Saint-Saens, Richard Strauss, Pablo Casals und Enrico Caruso.

1877 Einweihung des Friedrichsbades.

1933 Wiedereröffnung der Spielbank.

1945 Einmarsch französischer Truppen. Baden-Baden wird Sitz des Oberbefehlshabers der französischen Armee.

1950/51 1950 erste Nachkriegssaison als Kurort. 3. Eröffnung der Spielbank. Ab 1951 Internationales Pferderennen in Iffezheim.

1985 Eröffnung der Bade- und Saunalandschaft der CaracallaTherme.

1989 Fertigstellung des Michaelstunnels.

1997 Verleihung des „Olympic Cup Award" an die Stadt Baden-Baden.

1998 Eröffnung des Festspielhauses Baden-Baden.

1999 Die französischen Truppen verlassen Baden-Baden. In den folgenden Jahren entsteht in der Cité auf rund 60 Hektar Fläche ein neuer Stadtteil unter dem Leitgedanken „Wohnen-Arbeiten-Ausbilden": Zahlreiche Unternehmen (z.B. Europäische Medien- und Eventakademie, Klambt-Verlag) siedeln sich an und attraktive Ein- und Mehrfamilienhäuser werden gebaut.
Der Orkan Lothar zerstört am 2. Weihnachtsfeiertag ein Fünftel des gesamten Stadtwaldes.

2004 Umzug des Städtischen Museums vom „Baldreit" in die Lichtentaler Allee; Eröffnung des Museums Frieder Burda neben der Staatlichen Kunsthalle – Architekt: Richard Meier.

2007 Baden-Baden feiert das 500-jährige Jubiläum „Stadtordnung Baden-Baden".

2009 Zum Nato-Treffen geben sich die Großen der Welt-Politik die Ehre in Baden-Baden. US-Präsident Barack Obama, Frankreichs Staatschef Nicolas Sarkozy, Großbritanniens Premier Gordon Brownsie und die 20 weiteren Staats- und Regierungschefs der Nato-Staaten darf Kanzlerin Angela Merkel in Baden-Baden willkommen heißen. Zum 60. Geburtstag der Militärallianz wird in der Kurstadt und Straßburg beraten – und gefeiert.

2012 900-jähriges Jubiläum der Stadt Baden-Baden mit Sonderausstellungen, Stadtführungen, vielen Attraktionen und einer Festschrift

2021 Baden-Baden wird zusammen mit elf weiteren Bäderstädten als Teil der „Great Spas of Europe" in die UNESCO-Welterbeliste aufgenommen.

«Wussten Sie schon...»?

... dass Baden-Baden erst seit dem 1. September 1931 offiziell diesen Namen trägt? Vorher hieß die Stadt schlicht Baden.

... dass die eigenwillige österreichische Kaiserin Elisabeth (Sissi) 1883 mit einem Gefolge von 36 Personen für einige Wochen Baden-Baden besuchte und ihre eigene Kuh mitbrachte, um immer Frischmilch zu haben?

... dass die erste Frau, die bei den Olymischen Spielen im 800-Meter-Lauf eine Goldmedaille errang, die Baden-Badenerin Lina Radke war?

... dass der französiche Staatspräsident Charles de Gaulle wegen der Arbeiter- und Studentenaufstände am 29. Mai 1968 reißaus nahm und nach Baden-Baden floh?

... dass die erste Zigarettenfabrik Deutschlands in Baden-Baden beheimatet war? Die Firma Batschari produzierte zu Beginn des 20. Jahrhunderts bis zu 3 Millionen Zigaretten täglich.

... dass das beste Bier Brasiliens „Baden-Baden" heißt?

... dass sich im Rittersaal des Alten Schlosses seit 1999 die größte Windharfe Europas mit 120 Saiten und mehr als vier Metern Höhe befindet?

... dass die Hunderttausende von Fichten- und Tannenstämme, auf die Amsterdam gebaut wurde, aus dem Schwarzwald kamen? Die holländischen Holzhändler logierten damals im Baden-Badener Holland Hotel, das es heute noch gibt.

... dass der ehemalige Baden-Badener OB Ernst Schlapper bundesweite Bekanntheit erlangte, weil er 1962 die Aufführung des Stückes Mutter Courage von Bertolt Brecht im Baden-Badener Theater verbot?

... dass 80 Prozent aller Bühnenbildner Deutschlands in Baden-Baden ausgebildet werden?

... dass 1881 der erste deutsche Tennisclub in Baden-Baden gegründet wurde?

... dass mehr als 1000 Baden-Badener Gebäude unter Denkmalschutz stehen?

... dass Romy Schneider ihren ersten Bühnenauftritt an einem deutschen Theater in Baden-Baden in Anton Tschechows „Die Möwe" hatte?

... dass die Kurtisane Léonide Leblanc 1864 im Casino Baden-Baden so viel Glück beim Spiel hatte, dass ihr der Gewinn nicht ausbezahlt werden konnte? Madame Leblanc hat, so könnte man sagen, die Bank gesprengt.

Der erste deutsche Tennisverein wurde in Baden-Baden 1881 gegründet

... dass Roger Bambuck, bester französische Sprinter aller Zeiten, im August 1965 im Baden-Badener Aumattstadion bei einem Ländervergleichskampf zwischen Deutschland und Frankreich die 100 Meter in 10,2 Sekunden lief?

... dass der Urgroßvater des monegassischen Fürsten Albert in der heutigen Stadtsparkasse Baden-Baden (Palais Hamilton) das Licht der Welt erblickte?

... dass das „deutsche Fräuleinwunder“ in Baden-Baden begann? Bei der ersten Miss-Germany-Wahl nach dem Zweiten Weltkrieg, 1950 im Baden-Badener Kurhaus, holte die Berlinerin Susanne Erichsen den begehrten Titel und die Amerikaner feierten sie als „deutsches Fräuleinwunder“.

... dass der große Arzt Paracelsus schon 1526 den besonderen Wert des Baden-Badener Thermalwassers erkannte? Er schrieb: „Die heißen Wasser von Badin (Baden-Baden) aber sind vollkommener als alles andere.“

... dass schon 1507 in Baden-Baden eine Kurtaxe erhoben wurde?

... dass das erste Luxushotel Europas in Baden-Baden gebaut wurde? 1807 erwarb der Verleger Johann Friedrich Cotta ein bescheidenes Baden-Badener Kapuzinerkloster und ließ es von Friedrich Weinbrenner mit gigantischem Aufwand zu einem Luxushotel umbauen.

Verzierte Hausfassaden an der Sophienstraße vermitteln ein südländisches Flair

Spaziergang durch die Altstadt und das Bäderviertel

... führt durch das alte Baden-Baden, vorbei an den historischen und weltbekannten Bädereinrichtungen bis hinauf zum Marktplatz mit imposanter Stiftskirche. Von dort ist ein Abstecher zum Neuen Schloss mit herrlichem Ausblick über die Stadt möglich.

Ausgangspunkt ist der zentral gelegene Leopoldsplatz. Von hier folgen Sie unter Alleebäumen und vorbei am Reiherbrunnen der traditionsreichen Sophienstraße ①. Hier lagen die ehemaligen Nobelhotels der Stadt, in denen die Prominenz des 19. Jahrhunderts Unterkunft fand. In der Sophienallee liegt rechter Hand das Fabergé Museum ②. Wer gut zu Fuß ist, kann von hier einen kleinen Abstecher zur Wasserkunstanlage Paradies ⑫ machen. Am Ende der Allee zweigt links der Willy-Brandt-Platz ab. Der große Bau zur Rechten, die Alte Polizeidirektion, wurde 1843 im italienischen Stil errichtet. Das stattliche Gebäude war Sitz von Amtsgericht und Polizei, stand lange Zeit leer und wurde zum Ärztehaus umgebaut und erweitert.

Nach wenigen Schritten weiter in Richtung Römerplatz öffnet sich der Blick, und einige der bedeutenden Sehenswürdigkeiten Baden-Badens

Leopoldstr.
Straße
Festspiel-
haus
Lange Str.
Schützenstr.
Zähringerstraße
Stourdza-
kapelle
Solmsstr.
Kaiserallee
Schlossberg
tunnel
Luisenstr.
Lange Str.
Hirschstr.
Schlossstr.
Neues Schloss
11
Rathaus
9
10
7
6
8
4
Kloster v. Heiligen Grab
Theater
1
Gernsbacher Str.
5
Caracalla-
Therme
3
Spitalkirche
Leopoldsplatz
Sophienstraße
Vincentistr.
2
Palais
Gagarin
Stephanienstr.
Scheibenstraße
Rotenbach
Augustaplatz
Kongresshaus
Lichtentaler Str.
Stephanienstr.
Hardstr.
12
Vincentistr.
Bernhardstr.
Hardstr.
Weinbergstr.
Friedhofstr.
ssische Kirche

Eine schwere Holztür verschließt den Eingang zum Friedrichsstollen

gruppieren sich zu einem malerischen Bild: Zur Linken liegt das historisch bedeutsame Friedrichsbad ⑥, dahinter ragt die Stiftskirche ⑩ auf, rechts von ihr hebt sich auf dem Florentinerberg das Neue Schloss ⑪ vom Himmel ab. In dem großen weißen Bau direkt vor Ihnen befindet sich das ehemalige Kloster vom Hl. Grab ④, halb rechts fällt der Blick auf den Eingang der Caracalla-Therme ⑤ im ehemaligen Kurmittelhaus. Der Platz vor der Therme und der zentrale Brunnen (Thermalwasser) wurden im Zuge des Neubaus der Caracalla-Therme 1985 errichtet. Rechts der Therme liegt die Spitalkirche ③, hinter ihr die sehenswerte Ölberggruppe.

Wenn Sie zu einem Abstecher links in die Fußgängerzone (Gernsbacher Straße) einbiegen, liegen rechter Hand gegenüber dem Hotel Bischoff die Römischen Badruinen ⑧ hinter Glaswänden.

Zwischen Friedrichsbad und dem benachbarten ehemaligen Kloster vom Heiligen Grab entspringt am Fuße des Florentinerberges die Fettquelle. Sie ist eine von insgesamt zwölf heißen Quellen der Stadt.

FJODOR DOSTOJEWSKIJ

Die russische Seele

Auf seiner Hochzeitsreise 1867 weilte der russische Dichter Fjodor Dostojewskij (1821-1881) zum wiederholten Male in Baden-Baden (in der heutigen Bäderstraße 2). Er war allerdings weniger den Reizen der Stadt, als vielmehr der Gelegenheit zum Glücksspiel verfallen. Er wollte seine materiellen Schwierigkeiten überwinden, aber das Gegenteil war der Fall. Hoch verschuldet verließ er Baden-Baden und reiste nach Genf, wo er seinen großen Roman „Der Idiot" niederschrieb – und endgültig der Spielsucht entsagte. Im Rotenbachtal (Nähe „Caracalla-Therme") erinnert seit 2004 eine drei Meter große Bronzestatue an den Dichter.

Nach dem Aufstieg über die Dernfeldstaffeln zur Marktplatzebene führt der Weg vorbei an einer Tür auf der rechten Wegseite. Hier ist einer der Zugänge zu den Thermalwasserquellen Baden-Badens, dem Friedrichsstollen. Die 62,5 Grad Celsius heiße Natrium-Chlorid-Therme kommt aus bis zu 2.000 Metern Tiefe und spendet ca. 800.000 Liter täglich. Vorbei an der Rückseite des Friedrichsbades und am Alten Dampfbad ⑦, in dem interessante Wechselausstellungen gezeigt werden, öffnet sich der Marktplatz. Über dem Marktplatz thront das Neue Schloss ⑪ auf dem Florentinerberg, die bedeutende Stiftskirche ⑩ und das Rathaus ⑨ begrenzen den Platz zu den anderen Seiten.

Der Aufstieg zum Neuen Schloss ist am reizvollsten über die verwinkelten Schlossstaffeln vom Marktplatz aus. Hier wird man mit einer wunderschönen Sicht über die Dächer von Baden-Baden belohnt. Um zur Stadt zurückzukehren, können Sie nun alternativ auch über die Schlossstraße hinab zum Marktplatz gehen.

Für den letzten Teil des Rundgangs folgen Sie vom Hauptportal der Stiftskirche aus am Rathaus vorbei (hier lohnt ein Blick in den Innenhof) der kopfsteingepflasterten Straße hinab in Richtung Friedrichsbad, biegen aber schon nach wenigen Metern rechts in die Rathaus- oder Jesuitenstaffeln ein und gehen diese abwärts zum Jesuitenplatz. Dort befindet sich auch das BürgerBüro der Stadtverwaltung. Beim Blick zurück fällt die hohe Statue Bismarcks aus dem Jahre 1915 auf. Von hier aus sind es nur noch wenige Meter zurück zum Ausgangspunkt, dem Leopoldsplatz.

Ausblick von der Schlossterrasse auf die Kernzone der Welterbestätte Baden-Baden

Leopoldsplatz und Sophienstraße ①

Der **Leopoldsplatz** verdankt seinen Namen Großherzog Leopold. Hier stand bis zum Beginn des 19. Jahrhunderts das Beuerner Tor, eines der vier ehemaligen Stadttore Baden-Badens. Seit Fertigstellung des Michaelstunnels im Jahre 1989 ist der auch kurz „Leo" genannte Platz für den Durchgangsverkehr gesperrt. Er ist geräumiger und lebendiger Treff- und Mittelpunkt der Stadt.

Der moderne, auf der Südseite gelegene Brunnen wurde 1990 von Günther Hermann geschaffen. An den sternförmig abzweigenden Straßen stehen bedeutende Häuser mit prachtvollen Fassaden, darunter das Palais Hamilton (erbaut 1808), ehemals herrschaftliche Sommerresidenz der Herzogin Marie von Hamilton. Hier empfing sie so bedeutende Persönlichkeiten wie Kaiser Wilhelm I. und Napoleon III. Heute befindet sich die Stadtsparkasse in dem entkernten Gebäude.

Die großzügig angelegte **Sophienstraße** führt in Richtung Bäderviertel. Sie verdankt ihren Namen Großherzogin Sophie, Gattin von Großherzog Leopold. Bis 1830 verlief an dieser Stelle die alte Stadtmauer mit Stadtgraben. Herrschaftliche Hotels wie das Hotel de Hollande (heute Hotel am Sophienpark) boten den namhaften und berühmten Kurgästen eine angemessene Unterkunft. Etwa auf halber Höhe der Allee spendet der Reiherbrunnen (1912, Karl Albiker) Thermalwasser.

Fabergé Museum ②

Zentrumsnah in der Sophienstraße befindet sich das Fabergé Museum. Es ist das weltweit erste Museum, das allein dem künstlerischen Schaffen und dem Lebenswerk des berühmten Hofjuweliers der Zarenfamilie Carl Fabergé gewidmet ist. Die Sammlung zeigt das ganze Spektrum Fabergés kunsthandwerklich faszinierender Arbeiten. Zu besichtigen sind über 1 000 exquisite Kostbarkeiten: die berühmten kaiserlichen Ostereier des Zaren, kunstvolle Schmuckstücke, extravagant gestaltete Gegenstände des täglichen Lebens (hierzu zählt eine beachtliche Sammlung an Zigarettenetuis) und witzige Tier-Miniaturen aus Edelsteinen.

In der Sonderausstellung „Europäische Juwelierkunst der Zeitgenossen Carl Fabergés" werden einzigartige Meisterwerke und Schmuckcreationen von Cartier, Boucheron, Lalique, Falize und Tiffany gezeigt. Einblick in 2 000 Jahre weltweite Goldschmiedekunst gewährt die Kabinettausstellung „Gold der Welt".

Sophienstraße 30
Öffnungszeiten: April bis Oktober täglich von 11-18 Uhr. Von November bis März geöffnet am Freitag, Samstag und Sonntag von 11-18 Uhr
Eintritt (inkl. Führung dt., engl., russ.): Erwachsene € 20, Senioren € 16, Kinder bis 12 J. frei, 12-18 J. € 8, Familienkarte für 2 Erwachsene mit zwei Kindern € 35, Gruppenpreis auf Anfrage.
Aktuelle Informationen unter: 07221 970890
www.faberge-museum.de

Spitalkirche ③

Eine der ältesten Kirchen der Stadt ist die heute altkatholische Spitalkirche, erstmals urkundlich erwähnt im Jahre 1351, fertiggestellt 1478. Der große Stadtbrand von 1689 zerstörte große Teile der Kirche, Dach und Dachreiter mussten erneuert werden. Ursprünglich war das kleine Gotteshaus einem Spital angegliedert, dieses wurde jedoch im 19. Jahrhundert geschlossen und 1960 endgültig abgerissen. Im Zuge der Errichtung des benachbarten neuen Augustabades (heute Caracalla-Therme) musste die Spitalkirche 1963 um sieben Meter gekürzt werden und erhielt dabei ein neues Portal.

Im Inneren befindet sich im Altarraum ein sehenswertes gotisches Chorgestühl. Vom Pforzheimer Künstler Hans Kern im Jahre 1512 für die Stiftskirche geschaffen, wurde es im 18. Jahrhundert in die Spitalkirche verlegt. Besonderes Augenmerk verdient ein Mädchenkopf, dessen eine Gesichtshälfte einen Totenschädel darstellt. Die wunderschönen Glasfenster wurden von Harry McLean in den 1950er-Jahren gestaltet. Auf zehn apokalyptisch visionären Bildern wird erstmals an den Fenstern einer Kirche die Geschichte Gottes mit den Menschen, der Kampf zwischen Licht und Finsternis dargestellt. Von McLean sind unter anderem auch Altarkreuz, Tabernakel und der Entwurf für das Portal. Im Zuge der Innenrenovierung 2006 wurden in der Kuppel des Chorgewölbes Fragmente aus dem Mittelalter (kleine Blumenmuster in der Nähe des Schlusssteins) freigelegt.

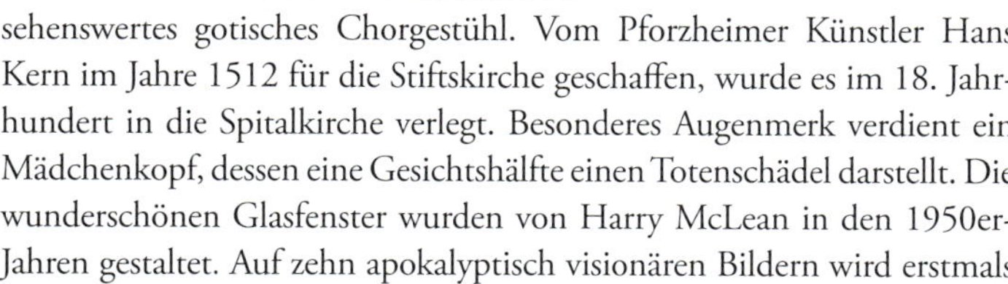

Seit Sommer 2008 erklingt die Glocke von 1784 wieder, die bis dahin unter der Orgelempore aufbewahrt wurde. Die erste Glocke von 1508 ist bislang verschollen und wurde ebenfalls 2008 durch einen Guss wiederhergestellt.

Hinter der Spitalkirche erinnert eine über 500 Jahre alte Figurengruppe („Ölberggruppe") aus Sandstein an den ehemals an dieser Stelle gelegenen Hauptfriedhof, der im Zuge der Stadterweiterung 1843 nach Lichtental verlegt wurde.

Römerplatz 13, neben Caracalla-Therme
Öffnungszeiten: tägl. 10-18 Uhr
Altkatholischer Gottesdienst: So. 10-11 Uhr
Gruppenführung nach Voranmeldung
Info: 07221 53428

Ehemaliges Frauenkloster vom Heiligen Grab ④

Das ehemalige Kloster wurde 1670 von Markgräfin Maria Franziska für die „Chorfrauen vom Heiligen Grab" gestiftet „zur größeren Ehre Gottes und zur besseren Instruierung der Jugend", wie es in der Stiftungsurkunde heißt. Im Jahre 1689 fertiggestellt, lebten dort bis Ende 2001 die Sepulchrinerinnen nach den Regeln des heiligen Augustus und leiteten die Klosterschule. Das Gymnasium besuchen heute mehr als 750 Schüler.

Kaum fertiggestellt (1689), fiel das Kloster noch im gleichen Jahr dem großen Stadtbrand zum Opfer. Die Sepulchrinerinnen konnten erst nach dem Wiederaufbau 1698 zurückkehren. Auch in der Folgezeit erfuhr das Kloster bauliche Erweiterungen und Veränderungen, bis Kirche und Wohnbauten im Jahre 1895 ihr heutiges, neobarockes Gesicht erhielten. Das Relief im Giebel der Westfassade zeigt die Auferstehung Christi.

Im Inneren der Kirche trennt das Emporengitter kunstvoll den Gebetsort der Nonnen vom einschiffigen Kirchenraum ab. Die Kanzel sowie ihr Aufgang sind mit geschnitzten Pflanzenmotiven reich geschmückt. Das Gemälde über dem Hochaltar schuf Otto Grassl im Jahre 1938. Im schönen Innenhof des Klosters befindet sich der achteckige Ungemach-Brunnen, der bereits etwa hundert Jahre vor Errichtung des Klosters an dieser Stelle seinen Platz fand.

Römerplatz 9, Altstadt
Kroatische Messe wird regelmäßig Sa. um 18 Uhr gefeiert.
Info: bei der Kroatischen Mission (Tel. 0721 6647340),
dem Pfarrbüro St. Bernhard (Tel. 07221 63706)
oder im Sekretariat der Schule (Tel. 07221 973980).

Caracalla Therme ⑤

Gebadet wurde an diesem Platz schon seit 1893 im stilvollen Augustabad, dem damaligen „Frauenbad“. Dieses Badehaus wurde Anfang der 1960er-Jahre durch ein neues Kurmittelhaus ersetzt, dem jedoch wenig Erfolg beschieden war.

KAISER CARACALLA

Römischer Badekult

Eigentlich ist der Name „Caracalla“ die Bezeichnung für einen gallischen Kapuzenmantel, die römischen Soldaten aber nannten so ihren Kaiser Aurelius Antonius (188-217). Während seiner Regierungszeit (211-217) ließ er in Rom eine monumentale Therme erbauen. In Baden-Baden erinnern zwei Stein-Inschriften aus dem Jahr 197 an den gefürchteten Feldherren. Dass der Kaiser Caracalla Aquae – wie Baden-Baden damals hieß – einen Besuch abstattete, ist allerdings eher unwahrscheinlich.

Unter der Regie des damaligen Vorstandes der Bäder- und Kurverwaltung (BKV), Dr. Sigrun Lang, entstand die Caracalla Therme (1985 eröffnet). Sowohl ihr inhaltliches Konzept („Gesundes Baden mit Freude und Erholung“) als auch die Architektur des neuen Bades (Architekten Hecker und Kraetz) sorgten schon bei der Eröffnung für Aufsehen. Innerhalb kürzester Zeit war die Caracalla Therme ein international gefragtes Paradebeispiel für das „Heilbad der Zukunft“ (in Japan entstand sogar ein Nachbau). Der wirtschaftliche Erfolg ließ nicht auf sich warten: Statt der erwarteten 800 kommen täglich rund 1.500 Besucher.

WEITERLESEN... 

Wer mehr über die Caracalla Therme, ihre Geschichte und ihre balneologische Bedeutung wissen möchte, dem sei der repräsentative Band „Caracalla Therme Baden-Baden" von Manfred Söhner empfohlen (ISBN 978-3-937978-16-1, Aquensis-Verlag, 19,80 €, 96 Seiten).

Der große Kuppelbau ist das Kernstück des Badebereiches mit 900 qm Wasserfläche in fünf Badebecken innen und außen. Die römische Saunalandschaft besteht aus sechs Indoor- und zwei Outdoor-Saunen inklusive einem 1.200 qm großen Freigelände mit uralten Bäumen des Florentinerberges. In der Welness-Lounge erleben Gäste unvergleichliche Wohlfühlmomente und können bei zahlreichen Anwendungen entspannen.

Römerplatz 1 (mit Tiefgarage)
Öffnungszeiten: tägl. 8-22 Uhr, letzter Einlass ist 1,5 Stunden vor Schließung, 24./25.12. geschlossen, 31.12. bis 20 Uhr
Eintritt: ab € 17,50 (2 Std.)
Info: 07221 275940,
www.caracalla.de

Friedrichsbad ⑥

Das Juwel unter den internationalen Bädern wurde 1869-1877 von Carl Dernfeld erbaut. Schon seine Eröffnung erregte europaweites Aufsehen, denn es erfüllte nicht nur balneologisch die allerhöchsten Ansprüche der gehobenen Gesellschaft im In- und Ausland, sondern war auch baulich eine Meisterleistung: Die eindrucksvolle Architektur im Stil der italienischen Hochrenaissance verbindet sich mit der prunkvollen Innenausstattung zu einer harmonischen Einheit.
Eine große Freitreppe führt zum Eingang des Friedrichsbades. Den prachtvollen Kuppelbau zieren Portraits aus der Baden-Badener Bädergeschichte (darunter der Römische Kaiser Hadrian und Merowingerkönig Dagobert). Im Mittelpunkt der Hauptfassade steht die Büste von Großherzog Fried-

MARK TWAIN

Das anbetungswürdige Bad

Auf seiner Europa-Tour besuchte der Spötter Mark Twain (1835-1910) während seines Baden-Baden-Aufenthaltes auch das gerade eröffnete Friedrichsbad – und muss es sehr genossen haben. Zwar konnte er sich einen stichelnden Seitenhieb nicht verkneifen, doch sein Urteil im 1880 veröffentlichten Buch „A Tramp Abroad" (Kapitel XXI „Baden-Baden") fiel ungewöhnlich begeistert aus: „Die Ausstattung des Ortes ist so luxuriös, die Wohltat so ausgezeichnet, der Preis so mäßig, und die Schmähungen sind so sicher, dass man sich sehr bald dabei ertappt, das Friedrichsbad anzubeten und heimzusuchen."

rich I., der den Bau veranlasst und ihm seinen Namen gegeben hat, links und rechts über dem Hauptportal sind die Statuen von Äskulap und Hygieia, den Göttern der Heilkunde und Gesundheit.

Die Fassade des Friedrichsbades

Prachtvoll ist auch das Innere: der elegante Renaissance-Saal für Vorträge und Empfänge, sowie die stilvoll verzierten Baderäume. Wunderschön ist vor allem das kreisrunde Badebecken unter der 18 Meter hohen, zentralen Kuppel des Friedrichsbades.

Neben therapeutischen Heilwasser-Anwendungen wird ein „Römisch-Irisches Bad" angeboten: ein einmaliges Badevergnügen mit 17 Wohlfühl-Stationen, die idealer Weise wie folgt durchlaufen werden: Thermalwasser-Dusche mit extra großem Duschkopf, Warmluftbad, Heißluftbad, Duschen, Seifenbürstenmassage, Duschen, warmes Thermaldampfbad, heißes Thermaldampfbad, Thermal-Vollbad, Thermal-Sprudelbad, Thermal-Bewegungsbad, Duschen, Kaltwasserbad, Abtrocknen, Cremeservice, Ruhen, Lesen.

Auf dem Weg durch die Stationen steigt die Körpertemperatur zunächst in warmer und heißer Luft bis Station 8 langsam an, bis sie in den anschließenden Stationen sanft wieder absinkt. Das bringt den Kreislauf gut verträglich in Schwung, stärkt das Immunsystem, ist Balsam für die Haut und führt zu fühlbarer Tiefenentspannung.

FRIEDRICHSBAD

Römerplatz 1 (Tiefgarage)
Öffnungszeiten: täglich 9-22 Uhr, 24./25.12. geschlossen, 31.12. bis 20 Uhr
Letzter Einlass 3 Stunden vor Schließung

Eintritt: ab € 32,– (Römisch-Irisches Baden)

- Inklusive: Badeschuhe und Tücher, Haar-/Körpershampoo und Bodylotion zur Benutzung innerhalb des Bades sowie aromatischer Tee im Leseraum.
- Auf Anfrage und nach Verfügbarkeit kann die Seifenbürstenmassage zum Aufpreis von € 12,- vor Ort hinzu gebucht werden.
- Das Friedrichsbad: gemeinsames textilfreies Römisch-Irisches Baden
- Unsere Aufenthaltsempfehlung: ca. 3 Stunden

Info: 07221 275920, www.friedrichsbad.eu

Altes Dampfbad ⑦

Am Ende des Marktplatzes befindet sich das Alte Dampfbad. Wie sein Name verrät, wurde der Bau nach seiner Errichtung 1848 im toskanischen Stil ursprünglich für den Bäder- und Kurbetrieb genutzt. Die Ursprungsquelle im Inneren des Hauses versorgte den Ort mit dem heilenden Thermalwasser. Den Eingang schmücken die „Vasen auf Stelzen" von Franz Stähler (1998). Sie haben sogar den Orkan Lothar überstanden. Heute finden in den schönen und hellen Räumlichkeiten Wechselausstellungen zu Themen aus Kunst und Kultur statt.

Marktplatz 13
Öffnungszeiten: Di. bis Fr. 15-18 Uhr, Sa., So. und Feiertag 11-17 Uhr,
Eintritt frei, Info: 07221 26261, www.gfjk.de

Römische Badruinen ⑧

Unterhalb des Friedrichsbades findet sich ein beeindruckendes Zeugnis römischer Badekultur: die Ruinen der Römischen „Soldatenbäder". Vermutlich in den 70er- bzw. 80er-Jahren n. Chr. fertig gestellt, badeten zunächst die Soldaten in diesem Hygienebad und später die Zivilbevölkerung. Entdeckt und freigelegt wurden die Römischen Badruinen beim Bau des Friedrichsbades im 19. Jahrhundert.

Die beheizten Baderäume, der Heizraum und vor allem die Wand- und Fußbodenheizung lassen die Bedeutung und den hohen technischen Standard des römischen Badewesens erahnen. Frei schwebende Stege führen den Besucher durch die eindrucksvollen, alten Badeanlagen. Darüber hinaus vermittelt eine Computer-Video-Animation im Museums- und Ausstellungsbereich ein Bild der ursprünglichen Bäder. Interessante Details und Anekdoten über die Badekultur der Römer in Baden-Baden erfährt der Gast von einem Audioguide, der in mehreren Sprachen zur Verfügung steht.

Die prunkvollen, weitaus größeren Kaiserbäder befanden sich ein paar Schritte weiter (unterhalb des Marktplatzes und der Stiftskirche). Sie waren Mitte des 19. Jahrhunderts ebenfalls teilweise freigelegt, sind inzwischen aber wieder vollständig überbaut worden und können nicht mehr besichtigt werden.

Steinstraße/Tiefgarage Friedrichsbad
Öffnungszeiten: 16.03. bis 15.11.,
tägl. 11-12 Uhr, 15-16 Uhr
16.11. bis 15.3 geschlossen
Eintritt: € 5–, Kinder bis 14 Jahre: € 2,–
Gruppen (max. 25 Pers.) € 35,–
Führungen auf Anfrage
Info: 07221 275934
www.badruinen.de

Rathaus 9

Das in mehrere Gebäudeflügel unterteilte Rathaus verbindet die Altstadt (Jesuitenplatz) mit dem höher gelegenen Marktplatz. Das Rathaus zog in die Räumlichkeiten erst 1862 ein, denn ursprünglich (seit 1632) diente der Gebäudekomplex den Jesuiten als Kolleg.

Wie so viele andere Gebäude auch, fielen große Teile des Kollegs dem Stadtbrand 1689 zum Opfer und machten einen Wiederaufbau notwendig. Nach Aufhebung des Ordens 1773 seiner Funktion als Jesuitenkolleg enthoben, baute Friedrich Weinbrenner im Jahre 1809 das Gebäude einschließlich der angegliederten Kirche zum „Konversationshaus“ um und schuf damit einen Ort für das gesellschaftliche Leben innerhalb des Kurbetriebes.

Nach dem Bau des Kurhauses (1821-1824) wurden die erneut frei gewordenen Räumlichkeiten zuerst privat bewohnt, ehe das Rathaus dort einzog. Sehenswert ist der kleine unterirdische Rathaus-See (Zugang über BürgerBüro), sowie der intime Rathausinnenhof, der vom Marktplatz aus erreichbar ist.

Marktplatz 2, über Gernsbacher Straße
Öffnungszeiten BürgerBüro:
Mo.-Mi. 9.30-16 Uhr
Do. 9.30-17.30 Uhr,
Fr. 9.30-13 Uhr
Info: 07221 931135
www.baden-baden.de

OTTO VON BISMARCK

Monumentale Erinnerung

Keinem der vielen berühmten Gäste der letzten drei Jahrhunderte ist in Baden-Baden ein solch' riesiges Denkmal gesetzt worden: Rund 13 Meter hoch ist die Statue Otto von Bismarcks (1815-1898) an den Jesuitenstaffeln beim heutigen Rathaus, die der Bildhauer Oskar Alexander Kiefer 1915 geschaffen hat. Bismarck war oft und gerne in Baden-Baden: 1845 als Dreißigjähriger, 1851 mit seiner Frau Johanna und jeden Sommer in den Jahren 1854 bis 1858 – immer zur gleichen Zeit wie Kaiser Wilhelm I. Im Jahre 1895, fünf Jahre nach seinem Sturz als Reichskanzler, ernannte Baden-Baden ihn zum Ehrenbürger.

Stiftskirche ⑩

Oberhalb der Altstadt am Marktplatz gelegen, prägt die hoch aufragende Stiftskirche mit ihrem dominierenden Turm das Bild der Innenstadt. Bereits im Jahre 1245 findet sie als Pfarrkirche Erwähnung, 1453 erlangt sie Bedeutung durch die Benennung zur Stiftskirche. Mehrere erweiternde und verändernde Bauphasen ließen die ihrem heutigen Charakter nach spätgotische Kirche über die unterschiedlichen Epochen hinweg wachsen und entstehen. Die barocken Einflüsse wurden im 19. Jahrhundert wieder zurückgenommen. 2020 begann eine mehrjährige, aufwendige Renovierung.

Beim Betrachten des Äußeren der Kirche lassen sich in den Untergeschossen des Turms noch die romanischen Elemente erkennen, die achteckige Glockenhaube dagegen ist bereits gotischen Ursprungs, die welschen Hauben stammen von 1751 aus der barocken Bauphase. Die Darstellungen an der Westfassade zeigen Veronika mit dem Schweißtuch (Tympanon des Hauptportals), die Steinfiguren stellen die Kirchenpatrone Petrus und Paulus, in ihrer Mitte die Gottesmutter dar. Die Originale hiervon werden im Stadtmuseum verwahrt.

Im Inneren gehört das spätgotische Sakramentshäuschen am nördlichen Chorbogen zu den wertvollen Kunstwerken der Kirche. Es wurde Ende des 15. Jahrhunderts von einem unbekannten Künstler geschaffen und ist über 12 Meter hoch. Die fünf Geschosse sind mit einer Vielzahl an Figuren, Blumen und Tieren mit Liebe zum Detail verziert. Das ebenfalls spätgotische, überaus wertvolle Kruzifix im Chorraum schuf Nikolaus Gerhaert von Leyden im Jahre 1467. Das 5,60 Meter hohe Kunstwerk stand ursprünglich auf dem ehemaligen Friedhof hinter der Spitalkirche und wurde erst 1963 in die Kirche übersiedelt. Ebenfalls sehenswert sind die insgesamt 14 Grabmäler der Markgrafen von Baden an den Chorwänden aus den Jahren 1511 bis 1771.

Marktplatz
Öffnungszeiten: täglich 9-17 Uhr
Info: 07221 63706

Neues Schloss 11

Auf dem Florentinerberg, oberhalb der Stiftskirche, residierten von 1479 bis 1705 die Markgrafen von Baden im Neuen Schloss. Ursprünglich stand hier eine Burganlage, die jedoch von den Markgrafen Jakob und Christoph I. zu einem Renaissancepalast, dem Neuen Schloss, umgebaut wurde (1437 bis 1479). Dieses löste die Burg Hohenbaden 33 als Residenz der Markgrafen ab. Nach dem großen Stadtbrand 1689 wurden die Gebäude nur in bescheidenem Umfang wieder aufgebaut, denn Markgraf Ludwig Wilhelm verlegte im Jahre 1705 die Residenz endgültig nach Rastatt. Von 1847 bis 1918 erlebte das Neue Schloss seine zweite Blütezeit, als es im aufstrebenden Baden-Baden zur Sommerresidenz genutzt wurde.

Nachdem das Neue Schloss lange Zeit leer stand, befindet es sich jetzt im Besitz der kuwaitischen Al-Hassawi-Gruppe. Was mit dem bedeutenden Bauwerk geschehen wird, ist derzeit noch ungewiss.

Auch wenn das Neue Schloss nicht besichtigt werden kann: Wunderschön ist der Blick von der angrenzenden Terrasse über die Dächer von Baden- Baden und macht einen Aufstieg, zum Beispiel über die Schlossstaffeln vom Marktplatz aus, lohnend.

NAPOLEON III

Kongress der Fürsten und Kaiser

Einer der bedeutsamsten politischen Zusammenkünfte in der wechselvollen Geschichte Baden-Badens war der Fürstenkongress im Sommer 1860 im Neuen Schloss. Neben Großherzog Friedrich I, der Anfang Juni das Neue Schloss bezogen hatte, dem preußischen König Wilhelm I und den Königen von Bayern, Württemberg und Sachsen, die im Hotel d'Angleterre wohnten, kamen noch viele weitere Könige, Großherzöge, Herzöge und Fürsten nach Baden-Baden. Glänzender Höhepunkt war die Anreise Kaiser Napoleons III (1801-1873) aus Paris. Er traf mit dem Zug ein und residierte drei Tage lang im Hotel Stephanie, dem heutigen „Brenner's Park Hotel".

Paradies ⑫

Östlich oberhalb der Stadt erstreckt sich die Wasserkunstanlage „Paradies“, die 1922 bis 1925 nach Plänen von Max Laeuger als Park- und Wohnanlage geschaffen wurde und an italienische Renaissancegärten erinnert: Am oberen Ende wird die kunstvolle Wassertreppe von einer Brunnengrotte mit drei Säulenarkaden eingefasst. Das Wasser entspringt einem runden Bassin mit Springbrunnen und fließt von Becken zu Becken die Wassertreppe hinab, überwindet dabei 40 Meter Höhenunterschied, und wird schließlich am unteren Ende von einem großen, halbrunden Brunnen mit drei Schalen aufgefangen. Flankiert wird die symmetrisch angeordnete Anlage von Wandbrunnen, Hecken, Gärten und Villen aus den 1920er- und 1930er-Jahren. 1983/84 wurde die Anlage aufwändig restauriert. Herrlich ist der Blick über die kleine Parkanlage hinweg auf die Stadt Baden-Baden.

Lage: zwischen Markgrafenstraße (hier Parkmöglichkeit) und Bernhardstraße.
Weitere Infos unter:
www.paradies-baden-baden.de

Weltberühmter Mittelpunkt Baden-Badens: Das Kurhaus mit dem Casino Baden-Baden und dem Kurhaus-Restaurant. Die für Baden-Baden typischen Kandelaber ergänzen dieses Ensemble

Spaziergang durch das Kurviertel

... führt vorbei an Kurhaus und Trinkhalle zum Festspielhaus. Ein Abstecher auf den Michaelsberg und zur Stourdza-Kapelle ist gut möglich. Der Rückweg führt durch die Fußgängerzone.

Der Rundweg beginnt am Leopoldsplatz ①. Am Brunnen und am Palais Hamilton (Stadtsparkasse) vorbei führt der Weg über die Fieserbrücke auf die andere Seite der Oos. Links sehen Sie das Theater Baden-Baden ⑱. Die schön angelegten Kurhaus-Kolonnaden mit ihren exquisiten Geschäften führen direkt auf das Kurhaus ⑬ zu, dem Wahrzeichen Baden-Badens. Hier lohnt es sich, kurz innezuhalten und die Atmosphäre des Ortes zu genießen: Kolonnaden, Konzertmuschel, das erhabene Kurhaus, der gepflegte Kurgarten, ein paar Meter weiter die Trinkhalle und

Waldseestraße
Lange Straße
Leopoldstr.
Festspiel-
haus
17
Lange Str.
Schützenstr.
Stourdza-
kapelle
16
Solmsstr.
Kaiserallee
Trinkhalle
15
Kurhaus/
Casino
14
Werderstr.
13
13a
Info
18
Theater
1
Leopoldsplatz
Luisenstr.
Lange Str.
Hirschstr.
Rathaus
Stiftskirche
Neues Sch
Friedrichs
Gernsbacher Str.
Sophienstraße
Vincentis
Staatliche
Kunsthalle
Palais
Gagarin
Augustaplatz
Kongresshaus
Stadt-
kirche
Lichtentaler Allee
Schillerstr.
Wilhelm-Str.
Viktoria-Str.
Lichtentaler Str.
Stephanienstr.
Vincentistr.
Scheibenstraße

Die Trinkhalle: wunderschönes Ambiente für Thermalwasser-Trinkkuren und zum entspannenden Flanieren

der herrliche Blick auf die Stadt, dahinter am Berg liegend das Alte Schloss ㉝ und der Battert-Felsen im Hintergrund. Der Eingang zum prächtigen Casino ⑭ befindet sich im Kurhaus (Besichtigung möglich). Vorbei an Kurhaus und Casino mündet die Kurhauswiese in den Säulengang der Trinkhalle ⑮.

Bei schönem Wetter – und wenn Sie ein wenig Zeit dazu haben – lohnt von hier ein Abstecher auf den Michaelsberg zur Stourdza- Kapelle ⑯. Hinter der Trinkhalle führen Fußwege durch die herrlichen Parkanlagen bergauf, vorbei an einem kleinen See, zur Stourdzastraße. Linker Hand sehen Sie das Schloss Solms, Sitz der Baden-Baden Kur und Tourismus GmbH, der Baden-Baden Events GmbH und der Philharmonie Baden-Baden. Der Stourdzastraße folgend erreichen Sie die fürstliche Grabkapelle. Wählen Sie einen der Fußwege wieder zum Abstieg.

Von der Trinkhalle weiter die Oos abwärts entlang der Kaiserallee treffen Sie am Hindenburgplatz auf das Radisson Blu Hotel Badischer Hof, eines der

Zum Kurparkmeeting während der Rennwochen wird das Kurhaus besonders festlich beleuchtet

Lange Jahre das Wahrzeichen des Südwestfunks im deutschen Fernsehen: der Drei-Schalen-Thermalbrunnen im Garten des Radisson Blu Hotels Badischer Hof

ersten Luxushotels in Europa. Es wurde von 1807 bis 1809 von Friedrich Weinbrenner aus einem ehemaligen Kapuzinerkloster umgebaut. In dessen Garten – von der Straße aus zu sehen – spendet der berühmte Drei-Schalen-Brunnen Thermalwasser. Er galt lange Jahre als das Wahrzeichen Baden-Badens, war er doch das Fernsehsymbol des ehemaligen Südwestfunks (heute Südwestrundfunk).

Der Lange Straße stadtauswärts folgend, erreichen Sie das Festspielhaus ⑰. Es ist nur im Rahmen von Führungen zu besichtigen, doch bereits die prachtvolle Fassade des Alten Bahnhofs ist sehr sehenswert. Der Weg zurück führt wieder zum Hindenburgplatz. Hier gabelt sich die Straße, linker Hand beginnt die Fußgängerzone Baden-Badens, die mit ihren vielen alten und prachtvollen Hausfassaden den Glanz des 19. Jahrhunderts ausstrahlt. Sie führt bis an das andere Ende der Altstadt zum Römerplatz. Wenn Sie der Fußgängerzone folgen, gelangen Sie wieder zum Leopoldsplatz zurück, dem Ausgangspunkt des Spaziergangs.

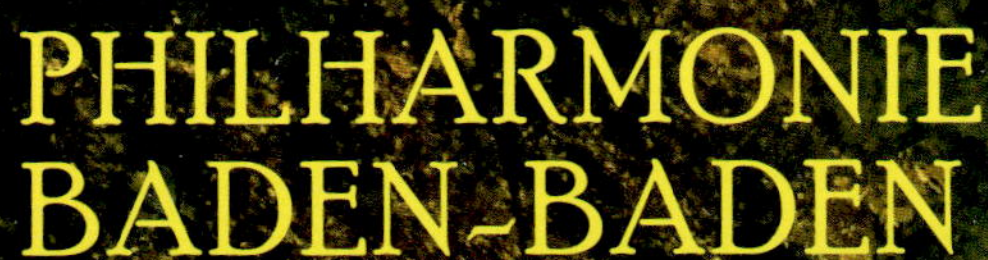

Ein Sommer mit klingenden Gärten

www.philharmonie.baden-baden.de

PHILHARMONIE BADEN-BADEN

Bereits 1460 erwähnte man ein festes Musikerensemble in Baden-Baden. Ende des 16. Jahrhunderts leitete der italienische Komponist und Kapellmeister Francesco Guami (Posaunenmeister von Orlando di Lasso in München) die Hofkapelle des badischen Markgrafen. In der ersten Hälfte des 19. Jahrhunderts bot nur in den Sommermonaten ein Orchester täglich Konzerte an, ab 1854 musizierte dieses Ensemble dann ganzjährig. Man konzertierte in den Sälen des Kurhauses, aber auch im Theater und dem Konzertpavillon im Kurgarten. Die Gästebücher des Orchesters lesen sich heute wie ein „Who's who?" der Musikgeschichte. Dort findet man Namen wie Franz Liszt, Hector Berlioz, Jacques Offenbach, Johann Strauss, Johannes Brahms, Richard Strauss, Enrico Caruso, Pietro Mascagni, Wilhelm Furtwängler, Béla Bartók, Bruno Walter, Edita Gruberova, José Carreras, Placido Domingo und Anna Netrebko. Gastspielreisen nach China, Dubai, Qatar, in die Ukraine, nach Frankreich, Belgien, Italien, Spanien, in die Schweiz sowie über 30 CD-Produktionen bestätigen heute das internationale Renommee des Klangkörpers. Konzertsäle wie die „Alte Oper" in Frankfurt, die „Zürcher Tonhalle" und der KKL in Luzern stehen ebenso wie das Festspielhaus in Baden-Baden auf dem Spielplan.

Kurhaus (13) mit Kolonnaden (13a)

Repräsentieren Caracalla-Therme und Friedrichsbad im Bäderviertel das Heilbad Baden-Baden, so gilt das eigentliche „Kurviertel" auf der linken Uferseite der Oos als Mittelpunkt des gesellschaftlichen Lebens, das Kurhaus als internationales Wahrzeichen der Stadt.

Von der Reinhard-Fieser-Brücke (Bürgermeister Baden-Badens von 1907 bis 1929) führen die Kolonnaden (errichtet 1866/67) zum Kurhaus – rechts und links elegante Ladengeschäfte mit einem Angebot international renommierter Marken und ausgedehnten Öffnungszeiten.

Am Ende der Kolonnaden, dem linken Kurhausflügel gegenüber, liegt die Konzertmuschel, in der im Sommer die Promenaden- und Unterhaltungskonzerte stattfinden und die als eine der Bühnen bei den verschiedenen Kurgarten-Festen dient.

Das Kurhaus ist eines der schönsten und bedeutendsten Bauwerke Baden-Badens. Dazu gehören die sechsarmigen, gusseisernen Gaskandelaber, die jeden Tag bei Einbruch der Dunkelheit von Hand angezündet werden, der gepflegte Kurgarten mit den weißen „Baden-Baden-Stühlen" und der herrliche Blick zur Stadt, auf die Stiftskirche (10), zum Alten Schloss (33) und zum Battert-Felsen.

Die Geschichte des Kurhauses ist die Geschichte der Stadt seit der Mitte des 19. Jahrhunderts. An dieser Stelle stand das 1766 erbaute Promena-

Die Kurhaus-Kolonnaden laden zum Einkaufsbummel ein

denhaus, an dessen Stelle der badische Oberbaudirektor Friedrich Weinbrenner 1821-24 das „Neue Konversationshaus“ („Maison de Conversation“) erbaut hat.

Das Kurhaus wurde mehrfach umgebaut, die Säle teilweise umgestaltet; 1987 mussten nach einem Brand im linken Seitenflügel umfangreiche Renovierungsarbeiten durchgeführt werden.

Im Jahre 2011 hat die BKV Bäder- und Kurverwaltung Baden-Württemberg für rund 8,2 Millionen Euro den Bénazetsaal komplett neu gestaltet. Die historische Tonnendecke wurde restauriert und mit drei neuen Kristall-Kronleuchtern ausgestattet, Empore und Seitenbalkone wurden vergrößert und neu gestaltet, der Saal erhielt einen neuen Boden, neue Fenster sowie ein komplett neues Licht- und Tontechnikkonzept.

Geprägt wird das Äußere des Kurhauses von seinem Mittelbau: Acht korinthische Säulen, Greifenfries, Wandelgang und die große Eingangstreppe beherrschen die Fassade.

Die beiden Seitenflügel des Kurhauses beherbergen im Erdgeschoss das Casino (rechts) und das Restaurant (links). Der elegante Treppenaufgang im Inneren dominiert die Eingangshalle des Kurhauses (Tanzbar Equipage, Garderobe, Zugang zur Tiefgarage).

Im eleganten Weinbrennersaal finden regelmäßig Konzerte der Philharmonie Baden-Baden statt

Im ersten Stock gruppieren sich die stilvoll-eleganten Säle um das Obere Foyer: Der große Bénazet-Ballsaal mit seiner Kassettendecke, der Runde Saal, der Konferenzsaal und die Bel Etage mit sehr schön ausgestalteten Empfangs-, Damen- und Herrenzimmer und der Dachterrasse.
Das Kurhaus Baden-Baden ist Schauplatz glanzvoller gesellschaftlicher Bälle (z.B. „Grand Prix Ball"), eleganter Empfänge, kultureller Höhepunkte und spektakulärer Medienereignisse, z.B. „Sportler des Jahres". Auch die Philharmonie Baden-Baden gibt regelmäßig Konzerte in den Räumen des Kurhauses. Weltstars aus allen Bereichen schätzen das Ambi-

KURHAUS/KOLONNADEN

Öffnungszeiten Kolonnadengeschäfte: tgl., z. T. auch an Sonn- und Feiertagen; siehe auch unter www.kurhaus-kolonnaden.de

Philharmonie Baden-Baden:
Konzerte im Weinbrennersaal und im Konzertpavillon im Kurgarten
www.philharmonie.baden-baden.de

Vermietung der Säle:
Tel.: 07221 353204

Veranstaltungs-Produktionen:
Baden-Baden Events GmbH,
Tel.: 07221 275275

Für Veranstaltungen aller Art ist der Bénazet-Saal mit seiner Kassettendecke beliebt

ente und die Atmosphäre ebenso wie Vertreter von Politik, Wirtschaft, Sport und Medien – und natürlich die zahllosen Gäste der Kurhaus-Veranstaltungen.

FAMILIE BÉNAZET

Gründer der Galopprennen

Die Ära Bénazet war ein Glücksfall für Baden-Baden. Nicht umsonst wurden die beiden großen Mäzene Jean Jacques Bénazet (1778-1848) und sein Sohn Oscar Edouard (1801-1867) „Roi de Bade" genannt. Mit den Internationalen Pferderennen in Iffezheim hat Edouard 1858 einen unwiderstehlichen Besuchermagneten geschaffen. Die Tage der Pferderennen, die „Große Woche", waren ein unbeschreibliches gesellschaftliches Ereignis für Baden-Baden mit großen Bällen und allem, was der Adel liebte. Auch Kaiser Wilhelm I gehörte zu den regelmäßigen Besuchern.

Die Rennwochen auf der Gemarkung Iffezheim gehören zu Baden-Baden wie das Casino, die Thermalquellen oder die Lichtentaler Allee. Dreimal im Jahr treffen sich die besten Galopper auf der Bahn in Iffezheim zum Frühjahrs-Meeting (Ende Mai/Anfang Juni), zur Großen Woche (Ende August/Anfang September) sowie zum Sales & Racing Festival (Mitte/Ende Oktober).

Veranstalter seit 2010 ist die Baden-Racing GmbH.

Casino (14)

Gespielt wird in der Stadt schon seit Jahrhunderten, die ersten „offiziellen“ Hinweise (ein Markgrafen-Erlass zur Erlaubnis für Badewirte, Glücksspiel um Geld anzubieten) stammen aus dem Jahr 1748. Seit 1824 rollt die Kugel nur noch in den Räumen des Casinos im Kurhaus.

Dem Spiel stand zunächst nur ein beschränkter Platz in einem kleinen Spielzimmer zur Verfügung, dann im Großen Konversationssaal (Weinbrennersaal) und schließlich ab 1854 in den heutigen Sälen. Dort war bis dahin das Theater untergebracht, dem wenig später ein eigenes Haus in der Nachbarschaft gebaut wurde.

Als Jacques Bénazet (1778-1848, Bildnis in der Empfangshalle) im Jahr 1838 nach der Schließung der Pariser Spielbanken die Leitung der Spielbank Baden-Baden übernahm, schuf er schon bald mit seinen Ideen und Initiativen und mit seinem Geld die Grundlagen, die Baden-Baden binnen kurzer Zeit zur „Sommerhauptstadt Europas“ machten. Nach seinem

MARLENE DIETRICH

Komplimente aus Hollywood

Die Gästebücher des Casinos sind voller Komplimente aus aller Welt. Königliche Herrschaften, Politiker und Wirtschaftsbosse, Playboys, Schönheitsköniginnen, Spitzensportler und die berühmtesten Künstlern aller Genres aus alter und neuer Zeit haben sich dort verewigt. Eines der schönsten Komplimente stammt von der Schauspielerin und Sängerin Marlene Dietrich (1901-1992), die in den 30er-Jahren Weltruhm erlangte und als erster deutscher Hollywood-Star gilt. Sie soll nach einem Besuch der Spielbank Baden-Baden gesagt haben: „Es ist das schönste Casino der Welt – und ich kenne sie alle!“

Tod führte sein Sohn Edouard die Spielbank und das Engagement für die Stadt weiter. Jacques Bénazet („Le roi de Bade“) und sein Sohn ließen nicht nur die Spielsäle prächtig ausgestalten, sondern investierten auch große Summen in anderen Bereichen (Theater, Galopprennbahn usw.). Die Säle des Casinos (gestaltet von Charles Séchan im Stil französischer Königsschlösser) sind einmalig und schaffen ein ganz besonderes Ambiente für das Glücksspiel: Marmor und Gold, opulente Deckengemälde, Wandbespannungen, Wandnischen mit Figuren, chinesischen Vasen und Brunnen, Marmorkamine, Lüster, Gemälde...
Von 1872 bis 1933 war das Spiel verboten, 1944 schlossen sich die Türen des Casinos erneut, bis der Spielbetrieb im April 1950 wieder aufgenommen wurde.

Öffnungszeiten mit Spielbetrieb: täglich 15 bis 1 Uhr (Fr. + Sa. bis 3 Uhr), Automatenspiel 12 bis 2 Uhr (Fr. + Sa. bis 3 Uhr), geschlossen an Karfreitag, Allerheiligen, Volkstrauertag, Buß- und Bettag, Totensonntag sowie 24. und 25.12. Roulette-Spieleinführung auf Anfrage: Mindestalter: 21 Jahre, Vorlage eines gültigen Personalausweises oder Reisepasses! Eintritt Klassisches Spiel: € 5,– Tageskarte, Automatenspiel: € 1,–
Achten Sie bitte für den Besuch während des Spielbetriebs auf angemessene Kleidung. Klassisches Spiel: Kleiderordnung für Herren: Sakko, Hemd und Krawatte erwünscht. Automatenspiel: Gepflegte Freizeitkleidung
Führungen durch die Säle (kein Spielbetrieb): täglich von 10.00 Uhr bis 13.00 Uhr (April-Oktober) bzw. 10 bis 11.30 Uhr (November bis März),
Gebühr: € 10,–, Kinder von 6 - 16 J. und Ermäßigte Personen mit Ausweis € 4,–, Kurkarteninhaber € 9,–
Änderungen vorbehalten.
Adresse: Kurhaus, Kaiserallee 1, Info: 07221 30240,
www.casino-baden-baden.de

Der Salon Pompadour

Trinkhalle 15

Das Heilwasser der Baden-Badener Friedrichsquelle und der Nürtinger Heinrichsquelle wurde in der eigens für die Anwendung von Trinkkuren errichteten Trinkhalle gleich neben dem Kurhaus ausgeschenkt. Weinbrenner-Schüler Friedrich Hübsch errichtete 1839-1842 diesen monumentalen Bau, der von 14 romantischen Wandbildern von Jakob Götzenberger (Motive badischer Sagen) und zahlreichen Themenreliefs geprägt wird. Die Wandbilder illustrieren Sagen, deren Schauplätze alle in der Umgebung von Baden-Baden liegen: Burkart Keller von Yburg (Kellersbild), Der Mummelsee, Die Nixe des

WEITERLESEN... 

Wer mehr über die Sagenwelt der Wandgemälde wissen möchte, dem sei das Buch „Die Sagen der Trinkhalle" von Günther F. Klümper (ISBN 78-3-937978-12-3, Aquensis-Verlag, 8,80 €, 116 Seiten, auch als Hörbuch) empfohlen (Entstehungsgeschichte, Balladen, Abbildungen der Gemälde).

KAISER WILHELM I

Vom Regenten zum Kaiser

Kein Geringerer als Wilhelm I (1797-1888) war über 40 Jahre zusammen mit seiner Gattin, der Kaiserin Augusta, regelmäßiger Gast in Baden-Baden. Zweimal im Jahr wohnte das Paar im einfachen Hotel Messmer (1957 abgerissen, an gleicher Stelle Neubau des gleichnamigen Dorint-Hotels). Mit seinem Aufstieg vom Regenten (1858) über den König von Preußen (1861) bis zum Deutschen Kaiser (1871) nahm auch Baden-Baden an der politischen Entwicklung des Herrschers teil. Ihm zu Ehren steht vor der Trinkhalle eine Marmorbüste.

Wildsees, Engels- und Teufelskanzel, Der Grafensprung, Alt Eberstein, Fremersberg, Die Geisterhochzeit zu Lauf, Baldreit, Die Felsen (Battert), Burg Windeck, Allerheiligen, Schloss Hohenbaden und schließlich Kloster Lichtenthal. Der Sage vom „Baldreit" nach kommt ein Kurfürst nach Baden-Baden, um seine schmerzenden Gliedmaßen vom heißen Thermalwasser kurieren zu lassen. Die Besserung erfolgt schnell, und schon bald kann er – vor Kraft strotzend – auf sein Pferd springen und die Badeherberge wieder verlassen. Beim Abschied ruft er dem Wirt zu: „Seht, so bald reit ich schon davon." Das heute sanierte Gebäude in der Innenstadt nennt sich nach diesem Ausruf noch immer „Baldreit" und beherbergt eine gemütlich Weinstube.

Ausschnitt des Wandgemäldes „Baldreit" von Jacob Götzenberger in der Trinkhalle

Vor der Trinkhalle steht die Marmorbüste Kaiser Wilhelms I. (1875 von Josef von Kopf). Die Allee zwischen dem Badischen Hof und dem Kurhaus wurde ihm zu Ehren „Kaiserallee" genannt. In der Trinkhalle befindet sich ein Café mit Lesesaal.

Kaiserallee 3 (Parkhaus Kurhaus), über Lange Straße und Hindenburgplatz.
Eintritt: frei
Café/Bar mit Lesesaal: 10-18 Uhr, Fr. + Sa. bis 2 Uhr (Tel. 07221 302905)

Stourdza-Kapelle 16

Die rumänisch-orthodoxe Stourdza-Kapelle (erbaut 1863-1866 nach Plänen von Leo von Klenze) ist die Grablege der rumänischen Fürstenfamilie Stourdza. Fürst Michael Stourdza (1792-1884) war der letzte Regent seiner Familie im Fürstentum Moldau, nach seiner Vertreibung (1849) lebte er in Paris und Baden-Baden. Der Tod seines erst 17-jährigen Sohnes Prinz Michael in Paris (1863) veranlasste ihn zum Bau dieser Kapelle, in der nun die Bronzesarkophage der Familie unter dem Altarraum in der Familiengruft aufbewahrt sind.

Die vorgelagerte Halle des spätklassizistischen Bauwerks wird von vier ionischen Säulen getragen. Den Abschluss der 24 Meter hohen Kuppel bildet ein orthodoxes Doppelkreuz. Der Innenraum ist prunkvoll ausgestattet und mit buntem Marmor verkleidet. Die Malereien im Inneren wurden von Wilhelm Ernst Hauschild durchgeführt.

Die Stourdza-Kapelle wurde inmitten der herrlichen Parkanlagen des Michaelsberges erbaut.

Stourdzastraße auf dem Friesenberg,
vom Goetheplatz über Werderstraße und Solmsstraße.
Öffnungszeiten: täglich 10-18 Uhr (nur mit Voranmeldung)
Tel.: 07221 28574

Herrliche Wege und einen traumhaften Blick über die Stadt bietet die Parklandschaft am Michaelsberg

Festspielhaus 17

Wohl kaum ein Projekt der jüngeren Vergangenheit in Baden-Baden war in solchem Maße Thema öffentlicher Diskussionen wie der Bau und das Konzept des neuen Festspielhauses, mit rund 2500 Sitzplätzen nun eines der größten Opernhäuser der Welt. Stein des Anstoßes war neben der Standortwahl vor allem das undurchsichtige Finanzierungsmodell („Kultur auf höchstem Niveau privat finanziert") und die durch die großen Startschwierigkeiten entstandenen Zusatzkosten. Dennoch öffnete das Festspielhaus die Tür für eine neue Ära im kulturellen Leben der Stadt. Im Mai 1995 wurde der österreichische Architekt Wilhelm Holzbauer mit dem Bau beauftragt. Bereits eineinhalb Jahre nach dem ersten Spa-

RICHARD WAGNER

„Bayreuth" an der Oos

Der große deutsche Komponist Richard Wagner (1813-1883) war ebenfalls zu Gast in Baden-Baden. Bei einem seiner Besuche in den 1860er-Jahren soll er gemeinsam mit Franz Liszt, Hektor Berlioz und dem „Musikpapst" Richard Pohl die Idee eines Festspielhauses erörtert haben, eigens für die Musik der „neudeutschen Schule", deren berühmtesten Vertreter die drei Komponisten waren. Letztlich aber ging Wagner eigene Wege und entschied sich für Bayreuth. In einem Brief vom 28.12.1871 an Bürgermeister Gaus bedankte er sich aber sehr für das „ehrenvolle Anerbieten" der Stadt.

tenstich durch Hannelore Kohl fand im Dezember 1997 die symbolische Schlüsselübergabe statt. Am 18. April 1998 wurde die Eröffnung des neuen Hauses mit einem Konzert des World Orchestra for Peace gefeiert. Seither kommen Musiker und Tänzer von Weltrang an die Oos, sei es die Violin-Virtuosin Anne Sophie Mutter, das Klaviergenie Lang Lang, das Hamburger Ballett John Neumeier oder die Wiener Philharmoniker. Für die jährlichen Osterfestspiele werden seit 2013 Sir Simon Rattle und die Berliner Philharmoniker engagiert.

Der Alte Bahnhof, 1892-1894 als prachtvoller Neorenaissance-Bau errichtet, verlor 1977 mit der Stilllegung der Bahnstrecke von Baden-Oos nach Baden-Baden seine Funktion und dient heute dem Festspielhaus als festlicher Eingang. Hinter dem Gebäude ragt der 33 Meter hohe Bühnenturm hervor. Das Mosaik des Steinfußbodens, die Wandbemalungen und die von verzierten Holzrahmen gefassten Fenster geben der ehemaligen Schalterhalle ihre wunderschöne historische Atmosphäre.

Das eigentliche Festspielhausgebäude wurde an die Rückseite des Alten Bahnhofs angebaut. Mit hellen Farben und klaren geometrischen Formen ist das Foyer im Charakter deutlich von der Eingangshalle im Alten Bahnhof abgesetzt, Elemente aus Holz, Glas und Metall sind harmonisch aufeinander abgestimmt. Der Zuschauerraum ist in warmen, dezenten Farbtönen gehalten, die ihm trotz seiner Größe eine intime Atmosphäre geben. Die Akustik im Konzertsaal gilt als ausgezeichnet. Ein besonderer Service: Eine Stunde vor jeder klassischen Aufführung wird ein 30-minütiger Einführungsvortrag angeboten.

Am Alten Bahnhof, über Lange Straße (alle Buslinien stadtauswärts Richtung Bahnhof, z.B. 201).
Führungen: Mo.-Fr. 11 Uhr, Sa., Feiertage 14 Uhr. (Dauer ca. 75 Min, Sonderführungen auf Anfrage),
Eintritt: € 8,–, Schüler € 6,–
Info u. Reservierung: 07221 3013101
Für Kinder von 5-12 Jahren eigene Führungen und Workshops: www.toccarion.de
www.festspielhaus.de

Spaziergang durch die Lichtentaler Allee

... führt in den südlichen Teil Baden-Badens, mitten durch die berühmte und wunderschöne Lichtentaler Allee, vorbei an Theater, neuem Kulturhaus, Kunsthalle, Museum Frieder Burda und Stadtmuseum bis zur russischen Kirche. Auf dem Rückweg überquert man den Augustaplatz.

Ausgangspunkt ist auch diesmal wieder der zentral gelegene Leopoldsplatz ①. Zunächst führt der Weg am Brunnen vorbei in Richtung Kurhaus-Kolonnaden. Vor den Kolonnaden öffnet sich zur Linken der Goetheplatz, dahinter liegend das Theater Baden-Baden ⑱ im Stil der Pariser Oper, wohl eines der schönsten Theaterhäuser Deutschlands. Am Goetheplatz beginnt die berühmte und wunderschöne Lichtentaler Allee ㉓ mit ihrem alten Baumbestand. Sie folgen der Alleestraße, passieren das neue Kulturhaus LA8 ⑲ und treffen nach etwa 300 Metern auf die Staatliche Kunsthalle ⑳ und das Museum Frieder Burda ㉑. Wenig später sehen Sie rechter Hand die Büste Kaiserin Augustas, der Gattin Kaiser Wilhelm I, und überqueren

Theater
18
Kulturhaus LA 8
19
Staatliche Kunsthalle
20
Museum Frieder Burda
21
Friedrichstr.
Lichtentaler Allee
1
Leopoldsplatz
Sophienstraße
Scheiber
Palais Gagarin
24 Augustaplatz
Kongresshaus
Stadtkirche
Stadtmuseum
22
23
H.-Sielken-Str.
Schillerstr.
Wilhelm-Str.
Lichtentaler Str.
Stephanienstr.
Villa Menschikow
25
Gönneranlage
Bertholdstr.
Ludwig-
Maria-Viktoria-Str.
Weinbergstr.
Friedhofstr.
Lichtentaler Allee
Villa Sorrento
26 Russische Kirche
Palais Biron
Lichtentaler Allee
Klosterwiese
Lichtentaler Str.
Maximilianstr.
Turgenev Gesellschaft/ Russland Marketing
Hauptstr.
Eckbergstr.
27
Kloster Lichtenthal
LICHTENTAL
Hauptstr.
B 500
28 Brahmshaus

KONRAD ADENAUER

In der Rose verewigt

Die Namenslisten der Rosen in den Baden-Badener Rosengärten ist politisch ausgewogen, denn dort findet sich neben der Rose „Konrad Adenauer" ebenso „Helmut Schmidt". Der Ehrenbürger Baden-Badens Konrad Adenauer (1876-1967) übernahm 1952 als Bundeskanzler und Rosenliebhaber die Schirmherrschaft über den ersten Rosenneuheitenwettbewerb, der damals noch in der Gönneranlage stattfand. Gerne war er dabei persönlich zugegen. Übrigens: „Konrad Adenauer" duftet besser als „Helmut Schmidt", dafür führt letzterer die Farbskala an.

nach weiteren 500 Metern schönen Fußwegs die Fremersbergstraße, die zum Südwestrundfunk und ins Baden-Badener Rebland führt.

Sie erreichen den Tennis-Club Rot-Weiss, einen der ältesten Tennisclubs in Deutschland. Sie können, wenn es Ihre Zeit erlaubt, der Lichtentaler Allee auf einem ausgedehnten Spaziergang durch weite Wiesen bis zum Kloster Lichtenthal ㉗ und Brahmshaus ㉘ folgen (etwa 2 Kilometer). Ein Besuch des Klosters lohnt in jedem Falle, es ist aber auch sehr gut mit dem Bus oder dem eigenen Auto zu erreichen. Sollten Sie nicht bis zum Kloster Lichtenthal gehen, wenden Sie sich nach den letzten Tennisplätzen nach links (Bocciabahn) und treffen, nachdem Sie die Oos überquert haben, auf die wunderschöne Gönneranlage ㉕. Entweder gehen Sie nun direkt an der Oos entlang wieder stadteinwärts, oder Sie machen einen Abstecher zur Russischen Kirche ㉖, Nähe Bertholdsplatz, ein Andenken noch an die große russische Zeit in Baden-Baden im 19. Jahrhundert.

Wieder stadteinwärts gehend, liegen auf dem gegenüberliegenden Ufer der Oos prachtvolle Häuser und Villen. Im berühmten Brenners Park-Hotel sucht die Prominenz aus Politik und Gesellschaft Ruhe und Erholung, zudem finden hier bedeutende internationale Treffen statt. Es fol-

Das Palais Biron ist eines der prunkvollen Gebäude in der Lichtentaler Allee

gen Schwarzwaldklinik und Kongresshaus, die über kunstvolle Brücken Zugang zur Lichtentaler Allee haben.

Am Freiluft-Schachspiel überqueren Sie die Oos und gehen auf den Augustaplatz (24) zu. Zur Rechten liegt prachtvoll das ehemalige Haus des Kurgastes, heute Medienzentrum in privater Hand. Ein Blick in die Eingangshalle ist lohnend, ist sie doch als modernes Kunstwerk konzipiert. Am Augustaplatz mit zentralem Brunnen und See liegt rechter Hand das Kongresshaus, daneben die Evangelische Stadtkirche, und linker Hand das Palais Gagarin, in dem sich im 1. Stock das Hauptstandesamt (Internationales Standesamt) befindet. An diesem vorbei überqueren Sie den Augustaplatz und treffen wieder auf die Fußgängerzone, die zum Ausgangspunkt, dem Leopoldsplatz, zurückführt.

KAISER WILHELM I

Knapp dem Tod entronnen

Bei einem seiner regelmäßigen Besuche flanierte König Wilhelm I von Preußen am 14. Juli 1861 durch die Lichtentaler Allee, ins Gespräch vertieft mit dem preußischen Gesandten Graf Flemmig. Da überholt sie ein Passant, der höflich grüßte und die beiden Herren wieder vorbeischreiten ließ, um dann von hinten zwei Kugeln auf den König zu schießen, von denen eine das Ziel ganz verfehlte, die andere seinen Hals streifte. Der Attentäter wurde festgenommen, der König im nahe gelegenen Hirtenhäuschen verarztet. Die Baden-Badener feierten am Abend mit einem Fackelzug den glimpflichen Ausgang des Attentats.

Theater Baden-Baden (18)

Wunderschön am Eingang zur Lichtentaler Allee gelegen, ist das Theaters Baden-Baden mehr als nur ein Ort der Schauspielkunst: In seiner architektonischen Ausgewogenheit und mit seiner prunkvollen Innenausstattung gehört es nicht nur zu den sehenswertesten Häusern der Stadt, sondern sicherlich auch zu den schönsten Schauspielbühnen Deutschlands. Bis in die Mitte des 19. Jahrhunderts wurde noch das Kurhaus (13) für Theateraufführungen genutzt, ehe die Räumlichkeiten dort für den auflebenden Spielbetrieb umgestaltet wurden. So war der Neubau eines Theaters erforderlich. Die Pläne des französischen Architekten Charles Derchy wurden abgelehnt, schließlich errichteten die Architekten Charles Couteau und Ludwig Lang von 1860 bis 1862 das neubarocke Gebäude. Kein Geringerer als Hector Berlioz komponierte eigens zur Einweihung des Theaters die Oper „Béatrice et Benedict" nach Shakespeares Komödie „Viel Lärm um nichts". Bei den Eröff-

nungsfeierlichkeiten 1862 wurde das Musikstück – von Berlioz selbst dirigiert – uraufgeführt.
Man betritt das Theater vom schön angelegten und im Sommer bunt mit Blumen geschmückten Goetheplatz. Die Fassade des Theaters ist zweigeschossig und von klarer Gliederung. Im Giebelfeld werden die Künste Musik, Poesie und Malerei in allegorischer Vereinigung dargestellt. Das Giebelfeld sowie die Medaillonportraits von Goethe und Schiller an den Seiten als auch das badische Wappen schuf der Bildhauer Ludovic Durand in der von Edouard Bénazet als Atelier zur Verfügung gestellten Orangerie. Prunkvoll sind der Theaterraum mit dem Deckengemälde des Pariser Malers Joseph Mazerolles – es zeigt die neun Musen, Töchter des Zeus und Schutzgöttinen der Künste – und das Spiegelfoyer.
Nach einer Totalrenovierung, die 1992 fertiggestellt wurde, steht das Haus am Goetheplatz dem Spielbetrieb mit moderner Technik zur Verfügung. In dieser historischen Kulisse wird an drei Spielorten gespielt: im beeindruckenden großen Theatersaal, im intimen Spiegelfoyer oder im TIK, der Bühne für junges Theater.

Goetheplatz
Öffentliche Führungen jeden 1. oder 2. Samstag im Monat, 16 Uhr, Treffpunkt: Haupteingang (€ 9,-/€ 4,50,-). Besichtigung für Gruppen nach Voranmeldung,
Tel. 07221 932753,
Tickets: 07221 932700
www.theater-baden-baden.de

Die Lichtentaler Allee mit Blick auf das Haus Nr. 8 – heute das Kulturhaus LA 8

Kulturhaus LA8 ⑲

Zwischen Theater und Kunsthalle hat eine weitere Einrichtung den kulturellen Rang der Oospromenade erhöht. Aus dem Anwesen Lichtentaler Allee 8, einst als Sommerpalais für die schwedische Königin Friederike erbaut, entstand das Kulturhaus LA8. Das denkmalgeschützte Gebäude mit seinen herrlichen Räumlichkeiten war bis 2003 Sitz des Internationalen Clubs e.V., der von dort aus seit 1872 die Pferderennen in Iffezheim organisierte. Im Jahr 2004 erwarb der Baden-Badener Unternehmer Wolfgang Grenke das Anwesen vom Land Baden-Württemberg und investierte 12 Millionen Euro in umfangreiche Umbau-, Sanierungs- und Neubauarbeiten. Anfang 2009 wurde diese neue Baden-Badener Attraktion fei-

Blick in die Ausstellung, Walskelett, Hochseeboje und die Sirene von Max Klinger

Der Eingangsbereich des Museums LA8

erlich eröffnet. Ein neu errichteter Rundbau im rückwärtigen Teil des Grundstücks beherbergt das „Museum für Kunst und Technik des 19. Jahrhunderts", das wechselnde Ausstellungen zeigt. Auf rund 400 Quadratmetern werden in halbjährlich wechselnden Themenausstellungen Zeitdokumente, Gemälde und und technische Errungenschaften aus dem langen 19. Jahrhundert von der französischen Revolution bis zum Ersten Weltkrieg präsentiert, wobei verstärkt die Wechselwirkungen von Kunst und Technik herausgearbeitet werden. Veranstaltungen vor den jeweiligen Ausstellungseröffnungen dienen zum Austausch fachwissenschaftlicher Erkenntnisse auf interdisziplinärer Ebene. Ein Schachzentrum, Restaurant und stilvoll-elegante Räumlichkeiten für außergewöhnliche Events ergänzen das Angebot.

Lichtentaler Allee 8, über Goetheplatz
Museum für Kunst und Technik des 19. Jh.:
Di. bis So. 11-18 Uhr, Eintritt: 7 € / erm. ab 5 €, öffentl. Führung:
So. 15 Uhr (zzgl. 2,- €)
Familienführung: jeden 1. So. 14 Uhr
Info: 07221 973976-90, www.museum.la8.de

Restaurant Rive Gauche:
Di. bis So. 12-22 Uhr
Tel. 07221 07221 9009900, https://www.rive-gauche.restaurant/

Staatliche Kunsthalle Baden-Baden

Staatliche Kunsthalle Baden-Baden 

Der neoklassizistische Bau wurde zwischen 1907 und 1909 von dem Karlsruher Architekten Hermann Billing geschaffen und bewusst streng und sachlich gehalten. Den Zeitgenossen erschien der nüchterne Bau als „Stall". Rückblickend ist das Gebäude wegweisend für den strengen Jugendstil. Zu einer neuerlichen Diskussion kam es 1989, nachdem der amerikanische Künstler Dan Flavin mit seiner Lichtinstallation die Linienführung der Architektur mit bunten Leuchtröhren in den badischen

BLINKY PALERMO

Wiedersehen mit einem Farbfeld

Unter anderem seine Farbfeld-Wandmalereien machten den Beuys-Schüler Blinky Palermo (1943-1977) bekannt. Im In- und Ausland schuf der „James Dean der Kunstszene" 20 ortsgebundene Werke dieser Art, von denen jedoch keines mehr erhalten ist. Nur in Baden-Baden gab es ein überraschendes Wiedersehen: Bei Renovierungsarbeiten erschien unter dem Wandputz des Oberlichtsaals der Staatlichen Kunsthalle ein dunkelblauer Streifen – dieser Farbstreifen rund um den ansonsten leeren Raum war ein damals aufsehenerregendes Kunstwerk von Blinky Palermo im legendären Ausstellungsprojekt „14 x 14" im Jahr 1970.

Farben Rot und Gelb betont hatte. Die sitzenden weiblichen Figuren an den Eingangstreppen symbolisieren Malerei und Plastik. Auch die Stahlplatten von Richard Serra beziehen die unmittelbare Umgebung der Kunsthalle mit ein. Sie gehören zu den wichtigen frühen Arbeiten des international renommierten amerikanischen Bildhauers.
Die Staatliche Kunsthalle besitzt keine eigene Sammlung, sondern ist bekannt für ihre Wechselausstellungen der Klassischen Moderne und der Kunst der Gegenwart mit Leihgaben aus aller Welt, die von Vorträgen, Lesungen und Konzerten begleitet werden.

„André Cadere - Peinture sans fin" im großen Saal der Staatlichen Kunsthalle, Ausstellung 2007 / 2008". (Fotografie: Wolfgang Günzel, Offenbach)

Lichtentaler Allee 8a, Anfahrt über Goetheplatz.
Öffnungszeiten: tägl. 10-18 Uhr, Mo. geschlossen (an allen Feiertagen außer am 24.12. und 31.12. geöffnet).
Eintritt: € 7,–, ermäßigt € 5,–, Schüler ab 8 J. frei, Familienkarte (2 Erwachsene mit Kindern) € 11,–, Kombikarte mit Museum Frieder Burda € 18,– / 14,–
Gruppenführungen: Anmeldung unter 07221 30076400
(€ 65,- zzgl. Eintritt)
Öffentliche Führungen: siehe Homepage
Info: 07221 30076400,
Café Kunsthalle, Tel.: 07221 392000
www.kunsthalle-baden-baden.de

Museum Frieder Burda (21)

In einem Neubau neben der Staatlichen Kunsthalle ist seit Oktober 2004 die international bedeutende Kunstsammlung des Baden-Badener Kunstsammlers Frieder Burda in wechselnden Präsentationen zu sehen. Mit Richard Meier konnte Frieder Burda einen der renommiertesten zeitgenössischen Architekten für das Projekt gewinnen. Der Neubau greift die klare Linienführung der benachbarten klassizistischen Kunsthalle (20) auf und ist durch eine gläserne Brücke mit dieser verbunden: So

RICHARD MEIER

Architektur vom Feinsten

Es war ein Glücksfall für Baden-Baden, dass Frieder Burda den amerikanischen Architekten Richard Meier, Träger des Pritzker-Architekturpreises und 1997 vom American Institute of Architects mit der Goldmedaille für sein Lebenswerk ausgezeichnet, für den Museumsbau gewinnen konnte. Das Bauwerk fügt sich so brillant in die Lichtentaler Allee ein, dass das Gebäude selbst als wahres Kunstwerk bezeichnet werden kann. Es wurde mit wichtigen internationalen Architekturpreisen wie dem „2006 Institute Honor Award for Architecture" und im Jahre 2005 mit dem „New York Chapter Design Award" ausgezeichnet.

ergibt sich ein einheitliches Ensemble der beiden Gebäude, das sich harmonisch in die Parklandschaft der Lichtentaler Allee einfügt.
Das Museum Frieder Burda konzentriert sich auf die Klassische Moderne und die Zeitgenössische Kunst und besteht aus rund 800 Gemälden, Skulpturen, Objekten und Arbeiten auf Papier. Ausgangspunkt der Sammlung ist der deutsche Expressionismus. Schwerpunkte bilden Werke von so wichtigen Künstlern wie Gerhard Richter, Sigmar Polke, Georg Baselitz, Pablo Picasso und Arnulf Rainer. Die Sammlung besitzt mit insgesamt acht Werken einen fast unvergleichbar dichten Werkkomplex des späten Picasso.
Im Museum wird die Sammlung unter immer wieder neuen Gesichtspunkten und in neuen Kontexten vorgestellt. Auch ein wesentlicher Teil der Wechselausstellungen bezieht sich auf die Sammlung, so dass mit dem neuen Haus ein Ort lebendiger Betrachtung und Auseinandersetzung mit den Kunstwerken der Sammlung entsteht.

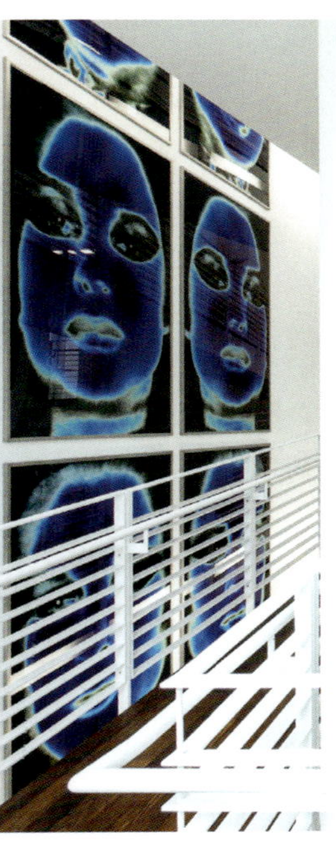

Lichtentaler Allee 8 b, Anfahrt über Goetheplatz
Öffnungszeiten: Di.-So. 10-18 Uhr, an allen Feiertagen geöffnet.
Eintritt: € 14,–, ermäßigt € 11,–, Gruppen ab 15 Pers. € 11,–,
Familien € 27,–, Kinder ab 9 Jahre € 5,–, Schüler im Klassenverband € 2,–,
Kinder bis 8 Jahre frei,
Kombikarte mit Staatl. Kunsthalle € 18,– / 14,–
Info: 07221 398980,
www.museum-frieder-burda.de

Stadtmuseum Baden-Baden (22)

Das Stadtmuseum Baden-Baden befindet sich inmitten der Lichtentaler Allee im sogenannten Alleehaus, das im 19. Jahrhundert sein jetziges Aussehen erhielt. An dieser Stelle lag einst ein Gutshof der Markgrafen von Baden, der 1480 erstmals erwähnt wurde.

Auf zwei Etagen wird die 2000-jährige Geschichte Baden-Badens präsentiert. Besucher erfahren, wie bereits die Römer die heilkräftigen Quellen der Stadt nutzten und wie es in mittelalterlichen Badestuben zuging. Einen Schwerpunkt bildet das 19. Jahrhundert, als die Romantiker Baden-Baden entdeckten und der Ort zum mondänen Weltbad aufstieg. Viele berühmte Persönlichkeiten suchten hier Erholung, Zerstreuung oder das Glück am Spieltisch. Prachtvolle Möbel und zahlreiche Darstellungen aus dieser Zeit lassen die Atmosphäre der „Capitale d'été" wiederaufleben.

WEITERLESEN... 

Wer mehr über die kulturgeschichtliche Bedeutung und die kulturellen Highlights Baden-Badens wissen möchte, dem sei das Buch „Kunst und Kultur entlang der Oos" empfohlen (ISBN 978-3-937978-10-9, Aquensis-Verlag, 14,80 € – 96 Seiten mit detaillierten Informationen und wunderschönen Bildern).

Der moderne Anbau des Museums beherbergt römische Bildwerke und spätgotische Portalskulpturen der Stiftskirche. Außerdem werden dort und im Dachgeschoss wechselnde Sonderausstellungen zu kultur- und stadthistorischen Themen gezeigt.

Blick in das Stadtmuseum Baden-Baden

Klondyke-Roulettetisch mit Figur der Fortuna, um 1930

Lichtentaler Allee 10, Anfahrt über Fremersbergstraße
Öffnungszeiten: Di.-So. 11-18 Uhr, Eintritt: Erwachsene € 5,–, ermäßigt € 4,–, Studenten, Schüler und Azubis € 2,–, Familien € 9,–, Gruppen (bis 20 Personen) € 40,–, Schulklassen € 20,–, Info, Führungen: 07221 932272
www.stadtmuseum-baden-baden.de

Lichtentaler Allee 23

Begleitet vom romantisch dahinfließenden Flüsschen Oos zieht sich die fast 3 km lange Lichtentaler Allee vom Kloster Lichtenthal 27 bis zum Kurhaus 13 und – unter dem Namen Kaiserallee – vorbei an der Trinkhalle 15 bis zum Radisson Blu Hotel Badischer Hof.
Jahrhunderte alter Baumbestand mit zum Teil exotischen Bäumen und Sträuchern (z.B. Mammut-, Trompeten-, Götterbäume und vieles andere) prägt diese Allee. Zahlreiche Brücken und die vielen kleinen, oft kunstvoll gestalteten, im Sommer mit Blumen geschmückten Fußgängerstege verbinden die beiden Oosufer, naturbelassene Wiesen

WEITERLESEN... 

Wer mehr über die Lichtentaler Alle, ihren alten Baumbestand und ihren kulturgeschichtlichen Kontext wissen möchte, dem sei der wunderbare Bildband „Die Lichtentaler Allee" von Bernd Weigel empfohlen (ISBN 978-3-937978-15-4, Aquensis-Verlag, 49 € – 160 Seiten mit traumhaften Bildern).

IWAN TURGENJEW

Geliebte Lichtentaler Allee

Der wohl berühmteste Russe Baden-Badens war der Schriftsteller Iwan Turgenjew (1818-1883). Von 1863 bis 1870, dem Beginn des deutsch-französischen Krieges, bewohnte er eine einfache Wohnung in der Schillerstraße, unweit seiner Freundin Pauline Viardot-Garcia, der er nach Baden-Baden gefolgt war. In einem Brief an Gustave Flaubert schwärmt er von der Lichtentaler Allee: „Kommen Sie doch nach Baden, da sind die herrlichsten Bäume, die ich je gesehen. Wenn man so am Fuße eines dieser Riesen sitzt, glaubt man etwas von seinem Safte in sich zu spüren, und das ist gut und gesund." In Baden-Baden entstand auch sein berühmter Roman „Rauch".

Entlang der Oos, hier vorbei am Brenners Park-Hotel & Spa, führt die Lichtentaler Allee

wechseln sich ab mit gestalteten Gärten und großen Blumenfeldern, Brunnen, Pagoden und Ruhebänke säumen die Wege. Hier künden alljährlich schon früh viele tausend Krokusblüten vom nahen Frühling. Seit dem 19. Jahrhundert angelegt (die Familie des Spielbankpächters Bénazet hatten auch an dieser Anlage großen Anteil) ist die Lichtentaler Allee ein besonderes Schmuckstück der Stadt. Entsprechend groß ist der Aufwand, der für die Pflege, den Erhalt und die ständige Verschönerung der gesamten Parkanlage aufgewendet wird. In und entlang der Lichtentaler Allee gibt es viele idyllische Plätze zu entdecken und zu genießen.

Schon beinahe in Lichtental liegt der saisonal bepflanzte Dahliengarten

Augustaplatz 24

Ein kleiner See mit Wasserfontäne prägt den 1977/78 neu gestalteten Augustaplatz – nur wenige Schritte auf der Lichtentaler Straße vom Leopoldsplatz entfernt. An dieser Schnittstelle zur Lichtentaler Allee steht das Kongresshaus (eröffnet 1968, 1981 sowie 1993/94 mit großem Aufwand umgebaut und erweitert) und die neugotische Evangelische Stadtkirche (1855 bis 1876 von Friedrich Eisenlohr und Ludwig Lang erbaut) mit ihren bemerkenswerten Glasfenstern mit Motiven der Geburt, Kreuzigung und Auferstehung Christi sowie der vier Reformatoren Melanchthon, Calvin, Zwingli und Luther. Spielbankgelder (von Edouard Bénazet) trugen zum Bau der Kirche bei.

Der Weg zwischen Kongresshaus und Stadtkirche führt über in die Schillerstraße (Brenners Park-Hotel & Spa) in ein parallel zur Lichtentaler Allee gelegenes Villenviertel, das sich bis zum Stadtteil Lichtental erstreckt.

Das Palais Gagarin

BILL CLINTON

Deutscher Medienpreis

Seit 1992 verlieh der Baden-Badener Unternehmer Karl-Heinz Kögel alljährlich den Deutschen Medienpreis an Persönlichkeiten, die in einem Jahr die Gesellschaft oder die Politik prägend beeinflusst haben. Als 1999 der amerikanische Präsident Bill Clinton den Preis in Baden-Baden entgegennahm, war er von der Stadt sehr angetan. „Baden-Baden is so nice, you have to name it twice" war sein anerkennendes Urteil. Weitere Preisträger sind unter anderem Kofi Annan, Gerhard Schröder, Nelson Mandela sowie Silvia und Rania, die Königinnen von Schweden und Jordanien, Bono, der Dalai Lama und Angela Merkel.

Rechts neben dem Kongresshaus das ehemalige Haus des Kurgastes. Dieser Teil des ehemaligen Hotel „Stephanie" (1830) wurde 1995 vom Medienunternehmer Kögel gekauft und renoviert und wird seitdem von seinen Unternehmen genutzt. Die Eingangshalle ist kunstvoll gestaltet und sehenswert. Neben dem Medienzentrum lädt eine Freiluft-Schach-Anlage zum Spiel ein. Vor dem Haupteingang an der Stirnseite steht die Büste Coubertins als Erinnerung an den Olympischen Kongress 1981 in Baden-Baden, auf dem Seoul als Austragungsort der Olympischen Sommerspiele 1988 beschlossen wurde. Danach folgt das Palais Gagarin, benannt nach der russischen Fürstin Isabella Gagarin. Im ersten Stock befindet sich das Internationale Standesamt ebenfalls direkt an der Lichtentaler Allee. Ihm gegenüber auf der anderen Seite der Lichtentaler Straße das „Goldene Kreuz" (1891), eine 1984 liebevoll restaurierte Einkaufspassage.

Das Kongresshaus

Ladengeschäfte, Cafés und Restaurants – und eine moderne Farbzeituhr – ergänzen das Ensemble des Augustaplatzes, von dem aus Lichtentaler Allee, Kunsthalle, Theater, Kurhaus, Hotels sowie Leopoldsplatz und Fußgängerzone in wenigen Schritten zu erreichen sind.

Anfahrt vom Bertholdplatz
über Lichtentaler Straße
Kongresshaus: 07221 3040
Standesamt: 07221 932160

Gönneranlage 25

Besonders sehenswert innerhalb der Lichtentaler Allee ist die symmetrisch angelegte Gönneranlage (benannt nach dem ehemaligen Baden-Badener Oberbürgermeister Albert Gönner) wenige Schritte entfernt vor der Kreuzung mit der Fremersbergstraße. Sie wurde 1909 bis 1912 von Max Laeuger gestaltet. Der deutsch-amerikanische Kaffeekönig und Baden-Badener Ehrenbürger Hermann Sielcken (gest. 1917) – ein großer Förderer der Stadt – hatte diesen Garten in Auftrag gegeben. Die gepflegte Anlage mit dem zentralen Brunnen, Figuren, heckenbegrenzten Wegen, Blumenbeeten und großen Rosensträuchern besitzt eine ganz eigene Atmosphäre und strahlt eine harmonische Ruhe aus.

Luftaufnahme von der Gönneranlage, links die Tennisplätze an der Lichtentaler Allee. Dazwischen fließt die Oos

Russische Kirche ㉖

Im 19. Jahrhundert waren die Beziehungen zwischen Baden-Baden und Russland sehr eng, viele einflussreiche Einwohner und Gäste Baden-Badens in dieser Zeit waren russischer Herkunft. Die Heirat des Prinzen Wilhelm von Baden mit der Tochter des Zaren Alexander II (genannt Prinzessin Wilhelm) ermöglichte es schließlich, eine eigene russische Kirche im byzantinischen Stil zu errichten. Der Architekt Wladimir Potemkin setzte das Vorhaben 1880-1882 um. Heute ist die Russische Kirche im Besitz der russisch-orthodoxen Gemeinde Deutschlands. Von außen fällt das geschwungene blaue Dach des relativ kleinen Sandsteinbaus ins Auge. Es ist harmonisch gegliedert und mündet in einen Zwiebelturm, der von einem goldenen orthodoxen Doppelkreuz gekrönt wird. Über dem Eingangsportal kündet ein Mosaik von der Verklärung Christi, geschaffen von dem venezianischen Künstler Antonio Salviati nach Entwürfen des Fürsten Grigor Gagarin. Die Wände im Inneren sind reich mit Fresken geschmückt. In der Krypta haben die beiden Förderinnen Prinzessin Wilhelm und die Tochter des Fürsten Gagarins, Tatjana Gagarin, ihre letzte Ruhe gefunden.

Lichtentaler Straße 76 / Nähe Bertholdplatz
Öffnungszeiten: 1.2.-1.12. tägl. 10-18 Uhr
Info: 07221 3732138

Kloster Lichtenthal 

Am Ende der Lichtentaler Allee liegt – am Fuße des Cäcilienberges und von der Oos umflossen – die Zisterzienserinnen-Abtei Lichtenthal. Das Kloster wurde 1245 von der Markgräfin Irmengard von Baden gestiftet – um es noch im Bistum Speyer errichten zu können, wurde eigens die Oos als Grenzfluss umgeleitet. Zwar überstand das Kloster die Säkularisation, verlor im Jahre 1801 nach dem Frieden von Lunéville zwischen Frankreich und Österreich jedoch viele seiner Rechte sowie sämtliche Besitzungen an den Markgrafen von Baden. Heute leben etwa 30 Nonnen in der klösterlichen Gemeinschaft. Sie betreiben Gartenbau, er-

Sitzende Madonna in der Klosterkirche

teilen Unterricht in der dem Kloster angeschlossenen Grundschule und sind für ihr religiöses Kunsthandwerk weit über die Grenzen Baden-Badens hinaus bekannt.

Tritt der Besucher durch den mächtigen Torbogen (1781) in den Klosterhof, umfängt ihn eine Atmosphäre der Ruhe, die von der mittelalterlichen Geschlossenheit und Klarheit der Klosteranlage herrührt, die ausladenden Laubbäume und der Marienbrunnen (1602) in der Mitte des Hofes sind darin die lebendigen Farbtupfer. Die Mühle neben der Abtei erinnert an die Blütezeit des Klosters, als die Ernte aus den Besitzungen noch hier verarbeitet wurde. Die gesamte Anlage ist umgeben von einer Klostermauer (Reste aus dem 15. Jahrhundert). In den Wirtschaftsgebäuden zur Rechten wird das klösterliche Kunsthandwerk zum Verkauf angeboten.

Wunderschön sind die Fürstenkapelle und die Klosterkirche, die vom Klosterhof aus betreten werden können. Die Fürstenkapelle wurde 1288 errichtet und diente als Grablege der Markgrafen von Baden, bis diese ab 1372 in der Stiftskirche 19 bestattet wurden. Die beiden äußeren Figuren am Portal (Gerungus und Uta von Schauenburg, um 1300) wurden 1838 vom aufgehobenen Kloster Allerheiligen (Schwarzwald) hierher versetzt. Sehenswert im Inneren sind die beiden Hochgräber links und rechts (Markgräfin Irmengard von Baden und Markgraf Rudolf IV), die beiden wertvollen Seitenaltäre (ursprünglich Teile vom Frauenchoraltar in der Klosterkirche, um 1500), sowie die kleine Schlüssel-Muttergottes (14. Jahrhundert), der als Schutzpatronin des Klosters im 30-jährigen Krieg als auch im 2. Weltkrieg die Klosterschlüssel anvertraut wurden. Im Fußboden sind mehrere Grabplatten eingelassen.

Die einschiffige Klosterkirche wurde auf den Mauern einer ehemaligen

Die Fürstenkapelle (links) und die Klosterkirche (rechts)

Der Marienbrunnen von 1602 im Innenhof des Klosters

romanischen Kirche errichtet und stammt aus dem 14. bis 15. Jahrhundert. Durch einen Gang ist sie mit der Fürstenkapelle verbunden. Im Inneren gefällt die Klarheit und nüchterne Strenge der Frühgotik.
Sehenswert sind die bemalte Steinkanzel (1606), die sitzende Madonna links vom Chor (geschnitzt Anfang 16. Jahrhundert) und das überlebensgroße hölzerne, im Chor hängende Kruzifix (15. Jahrhundert). Das Wandbild der Kreuzigung (1330) in der Grabnische an der Südwand wurde 1946 freigelegt. Der Frauenchor im Westen mit seinem reich geschnitzten Chorgestühl (764) und dem Altarschrein (1496) kann nicht betreten werden.
Eine Führung durch das Kloster und ein Besuch des kleinen Museums vermittelt ein eindrucksvolles Bild von dem klösterlichen Leben über die Jahrhunderte hinweg.

KLOSTER LICHTENTHAL

Hauptstr. 40 im Ortsteil Lichtental
Klosterkirche: tagsüber bis ca. 17.30 Uhr (nach Vesper) geöffnet.
Feier der hl. Eucharistie So+Feiertage 9 Uhr; Mo+Mi 17.30 Uhr; Di+ Do-Sa 7.15 Uhr
Fürstenkapelle und Museum: nur mit Führung
Führung: Mi, Sa und So 15 Uhr, Gruppen nach Vereinbarung,
Erwachsene € 5,–, Schüler und Studenten € 3,–
Buch- und Kunsthandlung: Montag 13:30 bis 17:30 Uhr, Dienstag bis Samstag 09:30 bis 12:30 Uhr und 13:30 bis 17:30 Uhr, An Sonn- und Feiertagen ist der Klosterladen geschlossen.
Klosterkonzerte (unregelmäßig sonntags)
Info: 07221 504910 (Pforte), www.abtei-lichtenthal.de

Café Lumen: Mittwoch bis Sonntag von 11.00 Uhr bis 17.00 Uhr, Montag und Dienstag Ruhetag ,Tel: +49 (0) 7221-99 66 641 Tel 07221 9966641

Brahmshaus (28)

Wer eine Zeitreise in die dritte große Blütezeit Baden-Badens unternehmen möchte, der sollte einen Besuch des Brahmshauses nicht versäumen. Von 1865 bis 1874 hatte sich hier der berühmte Komponist Johannes Brahms (1833-1897) eine Wohnung im Dachgeschoss gemietet. Er verbrachte die Sommermonate in Baden-Baden und komponierte in dieser Zeit viele seiner Musikwerke. Er vollendete seine 1. und 2. Sinfonie in Baden-Baden, daher trägt die 2. Sinfonie auch den Namen „Lichtentaler Sinfonie“. Es ist die einzige noch erhaltene Wohnung des Komponisten in Deutschland. Sie ist mit nachgebildeten Möbelstücken originalgetreu und liebevoll eingerichtet, Briefe und Fotos gewähren einen Einblick in das Leben des Meisters.

Maximilianstr. 85, Ortsteil Lichtental
Öffnungszeiten: Mo., Mi. und Fr. 15 bis 17 Uhr, Sonn- und Feiertage 10 bis 13 Uhr, während der Brahmstage täglich von 10 bis 16 Uhr. Gruppen auch nach telefonischer Vereinbarung, (07221 71172), geschlossen 24.12.-6.1.
Eintritt: Erwachsene € 5–,
Kinder, Schüler und Studenten haben mit Nachweis freien Eintritt, Gruppen bis 20 Personen € 55,–
www.brahms-baden-baden.de

CLARA SCHUMANN

Musik der Romantik

In den Jahren 1863 bis 1873 lebte Clara Schumann (1819-1896), gefeierte Klaviervirtuosin und verwitwete Gattin Robert Schumanns, in Baden-Baden in der Lichtentaler Allee 14. Eine innige Freundschaft verband sie mit Johannes Brahms – begeistert berichtete sie diesem von ihrem neuen Wohnort. Woraufhin sich Brahms allzu gerne eine Wohnung ganz in ihrer Nähe suchte. „Er kam und ging, wie es ihm gefiel, der Tisch war stets für ihn gedeckt“, schrieb Clara Schumann über seine Besuche. Auch andere Künstler gingen bei ihr ein und aus, darunter Feuerbach, Turgenjew, Rubinstein und Stockhausen.

Blick von der Yburg auf Rebland und Schwarzwald

Ausflüge «Rund um Baden-Baden»

Nicht alle Sehenswürdigkeiten Baden-Badens können bequem zu Fuß erreicht werden, denn auch in der näheren Umgebung liegen manche lohnenswerte Ziele. Nur ein kurzer Anfahrtsweg von der Stadt aus ist nötig für einen Besuch des Alten Schlosses (33), eine Fahrt auf den Merkur (34), die Besichtigung von Kloster Lichtenthal (27) oder des Brahmshauses (28). Auf dem Weg zum Merkur können Sie auch das Paradies (12), eine sehr schöne Parkanlage mit Kaskade, besichtigen, die 1925 von Max Laeuger geschaffen wurde. Ein Besuch des Rosenneuheitengartens Beutig (Moltkestraße) (31) ist ebenfalls lohnend. Dort kürt jedes Jahr eine internationale Jury die schönste Rosenneuheit.

Eine kleine Spazierfahrt ins nahe gelegene Rebland (30) sollte bei einem Besuch in Baden-Baden nicht fehlen. Vom Bertholdplatz aus verlassen Sie Baden-Baden über die Fremersbergstraße in Richtung Rebland/Steinbach. Kurz vor der Stadtgrenze liegen auf der linken Seite die Gebäude des Südwestrundfunks, hinter der Stadtgrenze ist der landschaftlich wunderschöne Golfplatz in die sanft ansteigenden Hügel eingebettet.

Dort, wo die Straße im Wald ihren höchsten Punkt erreicht, zweigt rechts ein Weg zum Fremersbergturm ab. Der kleine Abstecher lohnt

Rastatt
B36
B3
Iffezheim
38
Sandweier
A5
Haueneberstein
Oos
36
B500
32
Gaggenau
33
Ebersteinburg
B3
Sinzheim
34
Gernsbach
Turm
Fremersberg
(Restaurant, Café)
31
35
Baden-Baden
28
27
Varnhalt
Lichtental
Steinbach
30
Yburg
(Restaurant, Café)
Geroldsau
37
Scherrhof
(Waldgasthaus)
B500
29
Schwarzwald-
hochstraße

sich, denn der Fernmeldeturm kann (kostenlos) bestiegen werden und bietet von der Aussichtsplattform einen wunderschönen Blick auf Baden-Baden, den Schwarzwald und die Rheinebene. Ein kleines gemütliches Gasthaus mit schönem Spielplatz und weitem Blick über das Rheintal lädt zur Einkehr ein.

Wieder zurück zur Hauptstraße, passiert man auf dem Weg nach Varnhalt das Klostergut Fremersberg (auf der rechten Seite) und gelangt ins Rebland. Links liegt die Yburg auf den ersten Schwarzwaldhöhen. Auch hier befindet sich ein Gasthaus mit herrlicher Aussicht über das Rheintal. Wenn Sie nicht gleich wieder zurückfahren möchten, können Sie über die B3 in Richtung Sinzheim am Fuße der Weinberge entlangfahren und gelangen über Baden-Oos und Haueneberstein zum Schloss Favorite in Förch (etwa 2 km hinter Haueneberstein links der Beschilderung folgen. Besichtigung nur im Rahmen einer Führung möglich). Für den Rückweg nach Baden-Baden wählen Sie die Route über Ebersteinburg ㉜, vielleicht ist ja noch Zeit für einen kleinen Spaziergang rund um die alte Burgruine.

Für Wanderer wie geschaffen ist auch der 40 km lange Panoramaweg, der in fünf Etappen einmal rund um Baden-Baden führt. Im Frühjahr 2004 mit dem Deutschen Wandersiegel ausgezeichnet, gilt er sogar als einer der schönsten Wanderwege Deutschlands.

Außerhalb von Baden-Baden, aber einen Abstecher wert: das Lustschlösschen Favorite der Markgräfin Sibylla Augusta in Förch bei Rastatt

Geroldsauer Wasserfälle (29)

Eingebettet in die tiefen Täler des Nordschwarzwaldes, bietet schon die nahe Umgebung von Baden-Baden die Wildnis und Schönheit ungebändigter Natur. Zu den lohnenden Ausflugszielen zählen auch die Geroldsauer Wasserfälle. Von Baden-Baden aus auf der B 500 in Richtung Schwarzwaldhochstraße zweigt kurz vor dem Ortsausgang von Geroldsau links eine Stichstraße ab. Hier kann man bereits sein Auto stehen lassen und auf einem schmalen Fußweg dem Grobbach aufwärts in sein enges Tal folgen. (Wer weniger Zeit hat, der folgt der Fahrstraße weiter mit dem Auto). Nach etwa 3 km erreicht man die idyllischen Wasserfälle. Wenige Gehminuten weiter bietet das Gasthaus „Bütthof", das auch mit dem Auto zu erreichen ist, die Möglichkeit zur Einkehr.

Anfahrt über Lichtental nach Geroldsau,
am Ortsende links in die Geroldsauer Straße einbiegen
Gaststätte Bütthof, Öffnungszeiten: Freitag ab 17:00 Uhr,
Samstag ab 12:30 Uhr, Sonntag und an Feiertagen ab 11 Uhr
Tel. 07221 73747, www.buetthof.de

Rebland und Yburg (30)

Wer Baden-Baden sagt, meint auch das südwestlich angrenzende Rebland. Dort, wo die sonnenbeschienen Hänge des Schwarzwaldes sanft zur Rheinebene abfallen, wachsen die Trauben für die bekannten Baden-Badener Weine. Im Frühling blühen die Obstwiesen, im Sommer kühlt ein angenehmer Wind, im Herbst zur Weinlese finden in den Rebland-dörfern Varnhalt, Steinbach und Neuweier urige Winzerfeste statt. Schöne Wege durch die Weinberge bieten sich für ausgedehnte Spaziergänge an, und die Vielzahl an Ausflugslokalen und exklusiven Restaurants macht das Rebland auch für Feinschmecker zu einem lohnenden Ziel. Das Rebland ist übrigens das einzige Weinanbaugebiet in Deutschland, das außerhalb der Grenzen Frankens seinen Wein in Bocksbeutelflaschen abfüllen darf.

Burgruine Yburg

Hoch über Steinbach und dem Rebland thront die alte Yburg aus dem 13. Jahrhundert. Von Varnhalt aus führt – am Gut Nägelsförst vorbei – eine schmale, gewundene Autostraße hinauf zu der Ruine. Sie liegt auf dem 515 Meter hohen Yberg und bietet eine prächtige Aussicht auf das Rebland mit seinen malerischen Dörfern Varnhalt, Steinbach und Neuweier sowie ins weite Oberrheintal. Bei schönem Wetter reicht der Blick bis in die Vogesen, deut-

MEISTER ERWIN

Baumeister am Straßburger Münster

Die Westfassade vom Straßburger Münster wurde von Meister Erwin aus Steinbach (1240-1318) erbaut. Johann Wolfgang von Goethe war so begeistert von dessen Baukunst, dass er nach dem in Vergessenheit geratenen Baumeister forschte – und beim Rebländer Meister Erwin fündig wurde. Ihm zu Ehren steht in der Nähe des Steinbacher Friedhofes das Meister-Erwin-Denkmal, auch wenn Goethe seinerzeit schwärmte: „Was brauchts Denkmal! Du hast dir das herrlichste errichtet."

lich ist auch das Straßburger Münster zu erkennen. Über eine Treppe im Inneren gelangt man auf den mächtigen gut erhaltenen Bergfried.

Die Anlage wurde im Bauernkrieg 1525 zerstört und ging nach ihrem Wiederaufbau durch den Markgrafen Georg Friedrich im 17. Jahrhundert endgültig zugrunde. Heute befindet sich im schönen Burghof, der von einer geschlossenen Burgmauer umgeben ist, ein kleines Ausflugslokal.

Anfahrt: vom Bertholdplatz aus die Fremersbergstraße in Richtung Varnhalt und Steinbach; zur Yburg von Varnhalt aus in Richtung Gut Nägelsförst /Yburg der Beschilderung folgen

Rosenneuheitengarten ㉛

Am Südosthang des Beutigs mit herrlichem Blick über Baden-Baden und Schwarzwald befindet sich der etwa 3000 qm große Rosenneuheitengarten, der rechtzeitig zur Bundesgartenschau 1981 eingeweiht wurde. Jedes Jahr im Juni versammeln sich Rosenexperten aus der ganzen Welt in Baden-Baden und begutachten weit über 100 Internationale Rosenneuheiten.

Im Jahr 1952 fand auf Initiative des damaligen Gartenbaumeister Walter Rieger der erste Rosenneuheitenwettbewerb in Baden-Baden statt. Konrad Adenauer war Schirmherr der ersten Rosenschau und weilte während des Wettbewerbs zu Gast in Baden-Baden. Damals fand der Wettbewerb noch in der Gönneranlage ㉕ statt, aber sein Erfolg sprengte bald die Kapazitäten des Gartens. So wurde der Rosenneuheitengarten auf dem Beutig angelegt und 1981 eröffnet.

1983 gelang es dem damaligen Gartenamtsleiter Bernd Weigel, den Rosenweltkongress nach Baden-Baden zu holen. Für diesen Anlass konnte er den Park neu gestalten und erweitern. Seitdem hat Baden-Baden einen der schönsten Rosenneuheitengärten und gesellt sich zu Metropolen wie Rom, Madrid und Paris.

In Baden-Baden wird beim Internationalen Rosenneuheitenwettbewerb neben den klassischen Kriterien (Blüte, Blätter, Widerstandsfähigkeit, Duft, Verblühen, Gesamteindruck, Neuheitenwert) auch der Charme der Rose bewertet. Die Auswertung ist selbstverständlich anonym und erst beim Galadinner erfahren die Züchter, ob ihre Werke mit einer Gold-, Silber-, oder Bronzemedaille gekürt wurden.

Moltkestraße (Anfahrt über Werderstraße)
Öffnungszeiten: Mitte März bis Mitte Oktober 9 Uhr bis Einbruch der Dämmerung, spätestens 21 Uhr, Eintritt: € 1,– (bis 18 J. frei)
Info: Gartenamt 07221 931201

Ruine Ebersteinburg (32)

Sie ist zwar nicht so imposant wie die Ruine Hohenbaden, aber dennoch ein lohnendes Ausflugsziel: die Ruine Ebersteinburg. Malerisch liegt sie auf einer Bergkuppe oberhalb der Ortschaft Ebersteinburg. Ein kleiner Rundweg (alter Burgweg) führt um die gesamte Ruine herum. Vom massigen quadratischen Bergfried aus hat man einen schönen Blick auf die

LUDWIG UHLAND

Romantische Burgen

Viele Romantiker hegten eine große Vorliebe für Burgen und Ruinen. Auch der deutsche Dichter Johann Ludwig Uhland (1787-1862) unternahm zahlreiche Burgen-Wanderungen. Mit „Graf Eberstein" hat er der Ebersteinburg eine seiner schönsten Balladen gewidmet. Hierin beschreibt der Dichter den vergeblichen Versuch einer Eroberung durch Kaiser Otto I. Die benachbarte Ruine Hohenbaden gehörte ebenfalls zu seinen geliebten Zielen. Auch sein Freund und Schriftsteller Gustav Schwab (1792-1850) wusste diese zu schätzen, da sie „dem sinnenden Wanderer noch Waldeinsamkeit und Trümmer der Vergangenheit" biete.

Burganlage und schaut in den Schwarzwald und die Rheinebene hinein. Die ehemalige Burg, auch Alt-Eberstein genannt, wurde um 1100 von den Grafen von Eberstein errichtet und bewohnt, doch schon bald (1283) nach Fertigstellung von Schloss Neu-Eberstein im Murgtal wieder verlassen und den Markgrafen von Hohenbaden überlassen. Bis 1500 diente sie diesen als Witwenwohnsitz und verfiel in der Folgezeit. Im 19. Jahrhundert begann man, die Ruine als solche zu erhalten.

Anfahrt über Ebersteinburg, dort der Beschilderung folgen.

Altes Schloss und Battert 33

Blickt man vom Kurhaus aus über die Dächer der Stadt am Neuen Schloss vorbei, sieht man oberhalb Baden-Badens eine mächtige Ruine am Berghang liegen: das Alte Schloss. Es ist auf einem steil ansteigenden Fußweg vom Neuen Schloss aus (ca. 60 Minuten) oder auch mit dem Auto vom Schlossbergtunnel aus zu erreichen und bietet einen wunderschönen Blick auf Baden-Baden und die Rheinebene. Im Burghof lädt ein Restaurant zu Speisen und Getränken ein.

Das Alte Schloss – eigentlich Ruine Hohenbaden – war vom 11. Jahrhundert bis ins 15. Jahrhundert Sitz der Markgrafen von Baden, bevor diese ihre Residenz ins Neue Schloss verlegten. Die gesamte Burganlage ist in drei Bauphasen zu einer imposanten und trutzigen Festung angewachsen. Die hoch auf dem Fels gelegene Oberburg ist der älteste

MARKGRAFEN UND GROSSHERZÖGE VON BADEN

Herrschergeschlecht am Oberrhein

Die Herrscher der Markgrafschaft Baden gehen aus einer Nebenlinie des Adelsgeschlechts der Zähringer hervor, Begründer der Dynastie ist Hermann I (1052–1074). Im späten Mittelalter wird Baden zu einem bedeutenden Territorium zwischen den habsburgischen Besitzungen in Breisgau und Ortenau und dem württembergischen Herzogtum. 1533 teilen die Erben von Christoph I (Erbauer des Neuen Schlosses) die Markgrafschaft in die Linien Baden-Durlach und Baden-Baden auf. Mit dem Tod August Georgs (1771) geht die Baden-Badener Linie wieder an das Haus Baden-Durlach. Unter Karl Friedrich entwickelt sich die Markgrafschaft zum Großherzogtum (1806). Mit dem Tod von Großherzog Ludwig (1830) stirbt der letzte direkte Nachkomme der Zähringer Linie aus. Die Nachfolge übernehmen die Nachkommen aus Großherzog Karl Friedrichs zweiter Ehe („morganatische Linie"). Großherzog Friedrich II verzichtet 1918 auf den Thron. Seit 1998 hat Bernhard Prinz von Baden das Erbe angetreten und nennt sich nach der Familientradition Erbprinz von Baden, Herzog von Zähringen.

Teil der Anlage und wurde von Markgraf Hermann II noch im 11. Jahrhundert errichtet. Von der einstigen Mächtigkeit zeugen Hermannsbau und Bergfried. Erst am Ende des 14. Jahrhunderts wurden am Fuße der Oberburg unter Markgraf Bernhard weitere Teile angebaut, die so genannte Unterburg. Von ihr ist der große Bernhardsbau mit seinen mächtigen Kellergewölben noch gut erhalten, der beim Eintritt in die Ruine gleich rechts liegt. Zwischen Oberburg und Bernhardsbau liegt mit dem verbindenden Jakobsbau der jüngste Teil der Anlage. Kurz vor Aufgabe der Residenz schuf Markgraf Jakob I im 15. Jahrhundert diesen letzten Teil des Alten Schlosses. Nach einem Brand im 16. Jahrhundert verfiel die Burg zusehends, wurde als romantische Ruine aber bereits im 19. Jahrhundert wieder als lohnendes Ausflugsziel entdeckt.

Hinter dem Schloss zieht sich der Battert-Felsen (Naturschutzgebiet) am Bergrücken entlang. Bezeichnete Wanderwege führen zu dieser grandiosen, steil aufragenden Felsenlandschaft mit Felsentürmen, Rinnen und Abbruchfeldern. Auch für alpine Kletterer eine Attraktion, denn hier sind einige, vom Deutschen Alpenverein betreute Kletterrouten angelegt.

Anfahrt über Zähringerstraße bis Schlossbergtunnel, von dort über Alter Schlossweg bis zum Alten Schloss, Besichtigung: kostenlos
www.schloss-hohenbaden.de

Restaurant fidelitas
im Alten Schloß zu Hohenbaden
Tel.: 07221 2815250
www.fidelitas-baden.de

Merkur (34)

Ein Ausflug auf den Merkur, Hausberg und landschaftliches Wahrzeichen von Baden-Baden, ist zu jeder Jahreszeit ein Erlebnis für die ganze Familie. Bis heute kann man den Gipfel nicht mit dem Auto erreichen. Stattdessen bringt Sie die MerkurBergbahn, eine der längsten Standseilbahnen Deutschlands, in wenigen Minuten bequem auf den 668m hohen Gipfel. Die Bahn hat eine Streckenlänge von 1.192 Meter und überwindet einen Höhenunterschied von 370 Metern bei einer Steigung von 23 % bis 58 %. In den Jahren 2019/2020 wurde die gesamte technische Anlage der Bahn erneuert. Die alten Wagen wurden durch moderne, größere Wagen im Retrolook ersetzt. Ebenso wurden die Zugänge an der Tal- und Bergstation barrierefrei umgebaut.

Wanderer können den langen Aufstieg auch auf gut ausgeschilderten Wanderwegen zu Fuß absolvieren (Gehzeit ca. 1,5 Stunden). Die Umgebung rund um den Merkur mit Tretbecken, Wildgehege und Friedrich-Eberts-Arboretum ist ein Paradies für Wanderfreunde.

Direkt an der Bergstation befindet sich die Gaststätte „Merkurstüble" mit großer Terrasse, gemütlicher Hüttenatmosphäre und reicher Auswahl an Getränken und regionalen Speisen. Eine Liegewiese mit kostenlos bereitgestellten Liegestühlen, ein Kinderspielplatz und eine Grillstelle runden das Freizeitangebot in luftiger Höhe ab.

Den 23 Meter hohen Merkurturm mit Aussichtsplattform kann man über Treppen oder über einen Aufzug erreichen. Genießen Sie den einmaligen Rundblick über Baden-Baden, den Schwarzwald, das Murgtal, die Rheinebene und die Vogesen.

Der Merkur ist inzwischen auch zu einem attraktiven Fluggebiet für Gleitschirmflieger geworden. Bei schönem Wetter können Besucher die Gleitschirmflieger bei den Vorbereitungen zum Start und anschließend hoch in der Luft beobachten und dabei das einmalige Panorama genießen. Der Startplatz befindet sich unmittelbar neben der Bergstation.

Merkuriusberg 2, 76530 Baden-Baden,
Anfahrt zur Talstation: Linie 204 ab Leopoldsplatz und Linie 205 ab Bahnhof Baden-Baden oder mit dem PKW über Bertholdplatz und Friedhofstraße.
Parkplätze sind begrenzt vorhanden.
Öffnungszeiten: 10-22 Uhr, Berg- oder Talfahrt: € 3,50 / € 2,00,
Berg- und Talfahrt: € 6,– / € 3,–, www.stadtwerke-baden-baden.de

Öffentliche Schwimmbäder

In Baden-Baden und Umgebung besteht die Möglichkeit, eines der drei Freibäder sowie das Strandbad Sandweier zu besuchen. Sowohl Sportbegeisterte als auch Familien mit Kindern kommen dabei auf ihre Kosten.

Bertholdbad (35)

Idyllisches Hallen- und beheiztes Freibad im Herzen der Stadt.

Hallenbad mit Kombinationsbecken, Schwimm- und Nichtschwimmerbereich, 1-Meter- und 3-Meter-Sprungbrett. Wassertemperatur: 28° C, an Warmbadetagen mittwochs und freitags 30° C. Sauna mit großer Freiluftterrasse.

Das Freibad bietet ein Kombinationsbecken, Schwimm- und Nichtschwimmerbereich (24° C Wassertemperatur) und ein Kinderplanschbecken mit Kleinkinderrutsche. Liegewiese mit kostenlosen Liegestühlen. Den kleinen Gästen stehen mehrere Spielgeräte zur Verfügung. Die Strandbar mit 400 m² großem Sandstrand bietet eine große Auswahl an Speisen und Getränken.

Ludwig-Wilhelm-Straße 24, 76530 Baden-Baden, Tel. 07221 277580
Haltestelle „Bertholdplatz": Linie 201, 204, 207 und 208 (Fußweg ca. 5 min)
Öffnungszeiten: Hallenbad: von Mitte Sept. bis Mitte Mai. Di.-Fr. 7.30-20.00
Sa. 7.30-15, So. 7.30-13 Uhr, Freibad: von Anfang Mai bis Mitte September, bei guter Wetterlage tgl. von 7.30 Uhr bis 20 Uhr.
Eintrittspreise: Erwachsene € 3,50 , Jugendliche (6-16 Jahre) € 2,50, Sauna € 5,–
www.stadtwerke-baden-baden.de

Hardbergbad (36)

Großes, in Halbhöhenlage gelegenes, solarbeheizte Freibad.

Neben Schwimmer-, Nichtschwimmer-, und Springerbecken ist das Attraktionsbecken mit einer 80 m langen Edelstahlrutsche, Wasserpilz, Wasserspeier und Strömungskanal das Highlight dieses Bades. Auf der Liegewiese mit vielen Bäumen ist reichlich Platz zum Sonnenbaden. Der Spielbereich ist mit Kinderplanschbecken, Kleinkinderrutsche und mehreren Spielgeräten ausgestattet. Beachvolleyball, Tischtennis. Kiosk mit großer Terrasse und schöner Aussicht.

Hardbergbad, Hardbergstraße 32, 76532 Baden-Baden, Tel. 07221 277590
Haltestelle „Große Dollenstraße": Linien 201, 205, 207 und 216, ca. 10 min Fußweg.
Öffnungszeiten: Mitte Mai bis Mitte September, bei guter Wetterlage tgl. von 10-20 Uhr. Eintrittspreise: Erwachsene € 3,–, Jugendliche (6-16 Jahre) € 2,–
www.stadtwerke-baden-baden.de

Freibad Steinbach (37)

Solarbeheiztes Freibad mit besonderem Ambiente inmitten der Rebberge des Baden-Badener Reblands.
Kombinationsbecken mit 10-Meter- und 5-Meter-Plattform sowie 1-Meter- und 3-Meter-Sprungbrett, Nichtschwimmerbecken, Kinderplanschbecken mit zwei Kleinkinderrutschen. Große Liegewiese mit Bäumen, Spielbereich mit mehreren Spielgeräten, Beachvolleyball, Tischtennis, Basketball, Tischfußball, Billard. Kiosk mit Erfrischungen und kleinen Speisen.

Yburgstraße 113, 76534 Baden-Baden, Tel. 07221 277587
Haltestelle „Yburgstraße/Sportschule“: Linien 216 und 261
Öffnungszeiten: Mitte Mai bis Mitte Sept., bei guter Wetterlage tgl. von 10-20 Uhr. Samstag und Sonntag sowie in den Pfingst- und Sommerferien von 9-20 Uhr.
Eintrittspreise: Erwachsene € 3,–, Jugendliche (6-16 Jahre) € 2,–
www.stadtwerke-baden-baden.de

Strandbad Sandweier (38)

Pünktlich zur Badesaison 2020 wurde das neue Strandbad in der Nähe des Baden-Badener Ortsteils Sandweier eröffnet.
Hier finden Sie einen großen Badesee mit einem gekennzeichneten Nichtschwimmer- und Schwimmerbereich, einen wunderschönen Sandstrand und natürlich eine große Liegewiese. Sportfans kommen auf einem Beachvolleyballfeld auf Ihre Kosten.
Für die kleinen Badegäste gibt es einen Sandkasten, eine Schaukel sowie das Piratenschiff „sandrino“ aus Holz mit Klettergerüst.
Außerdem erwartet Sie ein reichhaltiges Angebot an Speisen und Getränken in einem offenen und überdachten Gastronomiebereich in wunderschönem Ambiente.
Die Wasserqualität wird regelmäßig vom Gesundheitsamt untersucht. Im Eingangsbereich können Sie sich jederzeit zu den ermittelten Werten informieren.
Während des Badebetriebs findet eine Wasseraufsicht durch Rettungsschwimmer der Stadtwerke Baden-Baden statt.

Strandbad Sandweier, 76532 Baden-Baden, Tel. 0173 894 6469
Öffnungszeiten: von Anfang Mai bis Mitte Sept., bei guter Wetterlage tgl. von 10-20 Uhr. Eintrittspreise: Erwachsene € 2,–, Jugendliche (6-18 Jahre) € 1,–. www.stadtwerke-baden-baden.de

Gastronomie

Sterne-Küchen

Le Jardin de France
Klassisches , elegantes Restaurant im Stahlbad mit einem Michelin Stern.
Augustaplatz 2,
Tel. 07221 3007860
www.lejardindefrance.de

Maltes Hidden Kitchen
Doppelkonzept aus Kaffeehaus und Restaurant mit einem Michelin Stern.
Gernsbacher Straße 24,
Tel. 07221 7025020
www.kaffeehausinbadenbaden.com

Schloss Eberstein
Restaurant & Hotel
Verführerische Gerichte über den Dächern von Gernsbach im *Werners Restaurant* (1 Michelin Stern).
Bodenständige regionale Küche in der *Schloss Schänke.*
76593 Gernsbach,
Tel. 07224 995950
www.hotel-schloss-eberstein.de

Gut und lecker

Baldreit
Gemütlich rustikale Weinstube mit Innenhof und Terrasse inmitten der Altstadt.
Guter Wein, gutes Essen.
Küferstr. 3
Tel. 07221 23136

Schneider's
Traditionelle Weinstube im Badener Weinkeller.
Maria-Viktoria-Str. 2,
Tel. 07221 9766929

Löwenbräu
Restaurant mit bayrischer und badischer Küche, großer Biergarten.
Gernsbacher Str. 9 ,
Tel. 07221 22311
www.loewenbraeu-baden-baden.de

Molkenkur
Gemütlichkeit in südländischem Flair, badische Küche, schöne Sommerterrasse, Biergarten.
Quettigstr. 19, Tel. 07221 33257
www.molkenkur-baden-baden.de

Atlantic Parkhotel
An der Lichtentaler Allee mit schöner Terrasse direkt an der idyllischen Oos. Badische und internationale Küche, Weine aus dem Baden-Badener Rebland. Restaurant Parkcafé, Restaurant Wintergarten
Goetheplatz 3, Tel. 07221 3610
www.atlantic-parkhotel.de

La Gondola
Kleines, zentrales, sehr freundliches italienisches Szene-Restaurant.
Du-Russel-Str. 2, Tel. 07221 22407
www.ristorantelagondola.metro.bar

Mamma Lina
Neapolitanische Pizza sowie italienische Meeresfrüchte-, Fisch- und Fleischgerichte in elegantem Lokal mit einladender Terrasse, Lieferdienst, Speisen zum Mitnehmen.
Lange Str. 83,
Tel. 07221-29796
www.87mammalina.de

Monte Christo
Original spanische Tapas in schönem Ambiente.
Eichstr. 5,
Tel. 07221 393434
www.monte-christo-baden-baden.de

Restaurant Nigrum
Trendiges Restaurant mit schwarzem, elegantem Interieur in Kombination mit trendig-farbigen Eyecatchern! Gekocht wird modern-international in Form eines wöchentlich wechselnden Menüs.
Schlossstr. 20, Tel. 07221 3979008

Rizzi
Restaurant und Wein-Bistro im Palais Gaggarin in der Lichtentaler Allee, mit Sonnenterrasse und mediterraner Küche.
Augustaplatz 1,
Tel. 07221 25838
www.rizzi-baden-baden.de

The Grill
Sushi- & Beef-Restaurant im Casino.
Kaiserallee 1, Tel. 07221 3024691

Namaskaar
Kleines indisches Restaurant im Zentrum mit hervorragender Küche. Reservierung empfohlen.
Kreuzstr. 1,
Tel. 07221 24681
www.namaskaar.de

Café-Bar-Szene-Discothek

Café König
Traditionsreiches Kaffeehaus in der Innenstadt mit vielen süßen Köstlichkeiten.
Lichtentaler Str. 12 ,
Tel. 07221 23573
www.chocolatier.de

Leos
Szene-Treff am Leopoldsplatz mit Kultcharakter und Life-Style pur, Restaurant-Café-Wein-Bar.
Luisenstr. 8-10, Tel. 07221 38081
www.leos-baden-baden.de

Wallstreet im Hamilton
Café, Bar, Restaurant – alles in einem.
Tolle Lage direkt an der Oos.
Sophienstr. 1,
Tel. 07221 396933
www.wallstreet-hamilton.de

Max's
Bar-Club-Lounge
Kaiserallee 4
Tel. 0172 7333169
www.maxs-baden.de

Equipage
Tanz-, Musik- und Coctailbar im Kurhaus.
Nightlife mit Live-Musik.
Kaiserallee 1
Tel. 07221 32375
www.equipage-baden-baden.de

Ausflugsziele

Schloss Neuweier
Restaurant Goldenes Loch in außergewöhnlichem Ambiente.
Mauerbergstr. 21, 76534 BB/Neuweier,
Tel. 07223-800 870,
www.schloss-neuweier.de

Turm Fremersberg
Gemütliches Gasthaus hoch oben auf dem Fremersberg, mit schönem Garten, Spielplatz und kostenloser Turmbesteigung.
Richtung Rebland, Abzweig Fremersberg rechts.
Tel. 07221 995331
www.turmfremersberg.de

Waldgasthaus Scherrhof
Der Scherrhof liegt inmitten der Natur im Baden-Badener Stadtwald. Idealer Ausgangspunkt für Wanderungen rund um Baden-Baden. Über Lichtental/Oberbeuren Richtung Rote Lache/Forbach,
Tel.: 07221 7417
www.waldgasthaus-scherrhof.de

Yburg
In den Mauern der Burgruine Yburg auf dem Yberg oberhalb von Varnhalt, weiter Blick über das Rheintal. Die Gastronomie ist bis auf weiteres geschlossen. Richtung Rebland, in Varnhalt links der Beschilderung folgen.
Tel. 07223 8007090, www.yburg.net

Waldcafé Merkur
Schön gelegen unterhalb der Merkur-Bergbahn, großer Gastraum, große Terrasse.
Merkuriusberg 1, Tel. 07221 22560
www.waldcafe-baden-baden.de

Übernachten

Exclusiv

Brenners Park-Hotel & Spa
Prächtig gelegen in der Lichtentaler Allee. Eines der besten (und teuersten) Hotels in Deutschland.
5 Sterne Superior. Schillerstr. 4/6
Tel. 07221 9000, www.brenners.com

Dorint Maison Messmer
Mondänes 5-Sterne-Hotel mit 800 m² Spa. Direkt neben dem Kurhaus.
Werderstr. 1, Tel. 07221 3012-0
www.dorint.com

Roomers
Stylisches 5-Sterne-Hotel nahe Festspielhaus mit 500 m² Spa-Bereich und Outdoor-Pool.
Lange Strasse 100
76530 Baden-Baden
Tel. 07221 901930
www.roomers-badenbaden.com

Steigenberger Europäischer Hof
Kleines, aber charmantes 5-Sterne-Grandhotel gegenüber vom Casino. Kaiserallee 2.
Tel. 07221 9330, Renovierung bis 2023
www.steigenberger.com/baden_baden

First Class

Aqua Aurelia
Elegantes Suitenhotel mit direktem Zugang zu den Caracalla Thermen. Vincentistr. 1,
Tel. 07221 18330
www.aquaaurelia.de

Atlantic Parkhotel
4-Sterne-Hotel am Beginn der Lichtentaler Allee mit schöner Terrasse direkt an der idyllischen Oos.
Goetheplatz 3, Tel. 07221 3610
www.atlantic-parkhotel.de

Badischer Hof (Radisson Blu)
Ehemaliges Kapuzinerkloster, zwischen Zentrum und Festspielhaus gelegen. Thermalwasser zum Teil direkt in den Zimmern.
Renovierung bis 2023
Lange Str. 47
Tel. 07221 9340
www.hotel-badischerhof-badenbaden.de

Der kleine Prinz
Verträumt charmantes 4-Sterne-Superior Romantikhotel. Lichtentaler Str. 36
Tel. 07221 346600
www.derkleineprinz.de

Hotel am Sophienpark
Direkt im Zentrum am Leopoldsplatz, dennoch sehr ruhig. Mit hoteleigenem Park.
Sophienstr. 14, Tel. 07221 3560
www.holland-hotel-sophienpark.de

Leonardo Royal Hotel
Zentrumsnah umgeben von Parkanlagen. 4 Sterne Superior. Alle Zimmer mit Balkon oder Terrasse. Falkenstr. 2. Tel. 07221 2190
www.best-western-queens-hotel-baden-baden.de

Business

Bayerischer Hof

3-Sterne Hotel direkt gegenüber dem Festspielhaus. Lange Str. 92
Tel.. 07221 93550
www.hotel-bayrischerhof.de

Holiday Inn Express

Modernes Hotel, freundlicher Service, fairer Preis. Lange Str. 93
Tel. 07221 97350
www.hiexpress.com

Magnetberg

Stilvolles Hotel oberhalb der Stadt in schöner Parkanlage mit Blick auf Baden-Baden. Scheibenstr. 18
Tel. 07221 3640
www.hotel-magnetberg.de

Schweizer Hof

Direkt neben dem Festspielhaus
Lange Str. 73. Tel. 07221 30460
www.schweizerhof.de

Günstig

DJH-Jugendherberge

Haus am Hang mit schönem Blick über die Stadt und Rheinebene, direkt neben dem Freibad. Einzel-, Doppel- und Familienzimmer. Hardbergstr. 34, Tel. 07221 52223
www.jugendherberge-baden-baden.de

Wohnmobilparkplatz

28 Stellplätze mit Strom- und Frischwasseranschluss gegen Gebühr (Bezahlung über Kassenautomat). Videoüberwacht und nachts beleuchtet. Hubertusstr. 2,
www.stadtwerke-baden-baden.de

Campingplatz

77815 Bühl-Oberbruch (18 km, 20 Autominuten), mit Badesee. 180 Stellplätze mit Strom- und Wasseranschluss,
z.T. direkt am See. Campingstr. 1
Tel. 07223 23194
www.camping-adam.de

Baden-Baden auf einen Blick

Tourist-Informationen
Tel. +49 (0)7221 275200, info@baden-baden.com
www.baden-baden.com

Tourist-Information Baden-Baden | Zentrum
In den Kurhaus-Kolonnaden Kaiserallee 1, 76530 Baden-Baden
Öffnungszeiten: Täglich von 10 – 18 Uhr

Tourist-Information Baden-Baden | Stadteingang
Schwarzwaldstraße 52, 76532 Baden-Baden
Öffnungszeiten: Mo. – Fr. von 9 – 17 Uhr

Ticketservice Baden-Baden
Tel. +49 (0)7221 275233, info@baden-baden.com

Ticket-Service Baden-Baden | Zentrum
In den Kurhaus Kolonnaden, Kaiserallee 1, 76530 Baden-Baden
Öffnungszeiten: Mi – So. von 10 – 18 Uhr

Tourist-Information Baden-Baden | Stadteingang
Schwarzwaldstraße 52, 76532 Baden-Baden
Öffnungszeiten: Mo. – Fr. von 9 – 17 Uhr

Kundenzentrum der Verkehrsbetriebe
Am Augustaplatz, Tel. 07221 277650,
Öffnungszeiten: Mo.-Do. 8.30 – 12.30 Uhr / 13.00 Uhr – 16.30 Uhr,
Fr. 8.30 – 14 Uhr.
Fahrplanauskunft, Fahrkarten für den öffentlichen Nahverkehr, Bus und Bergbahn, Baden-Württemberg-Ticket.
Infos und Fahrpläne: www.kvv.de

Veranstaltungsprogramm
Das monatliche „Baden-Baden Aktuell" ist an der Tourist-Info und in den meisten Hotels sowie in Restaurants und Bistros erhältlich.

Impressum

Texte: Gereon Wiesehöfer

Titelfotos: CARASANA Bäderbetriebe GmbH, Fotograf Jan Bürgermeister

Fotos: Baden-Baden Kur- und Tourismus GmbH, Baden Galopp GmbH & Co. KG, Festspielhaus Baden-Baden, Bäder-und Kurverwaltung Baden-Baden, W. Peter, Gereon Wiesehöfer, Andrea Söhner, Andreas Grund, Stadt Baden-Baden, Willi Walter Smriti Pant, fotolia, Baden-Württembergische Spielbanken GmbH & Co. KG, Torben Beeg, Museum Frieder Burda, Stadtwerke Baden-Baden, Dimitri Dell Copyright by Carasana Bäderbetriebe, Stadtmuseum/-archiv Baden-Baden, Lukas Giesler, Jesse, F. (S. 58), Elburn, Hendrik (S. 59), SSG-BW: Weischer, Arnim (S. 78).

Quellen: Haebler: Geschichte der Stadt und des Kurortes Baden-Baden, Bde. 1 u. 2 (Schmidt 1969); Fischer: Von Caracalla bis Charles de Gaulle (Battert); Bischoff: Baden-Baden (DuMont 1996); Kunst und Kultur in Baden-Baden (Aquensis 2007)

Gestaltung: www.seeQgrafix.de, Karin Lange

Druck: NaberDruck GmbH, Hüglesheim

ISBN 978-3-95457-231-1, Aquensis

*Verweis auf Abbildungen

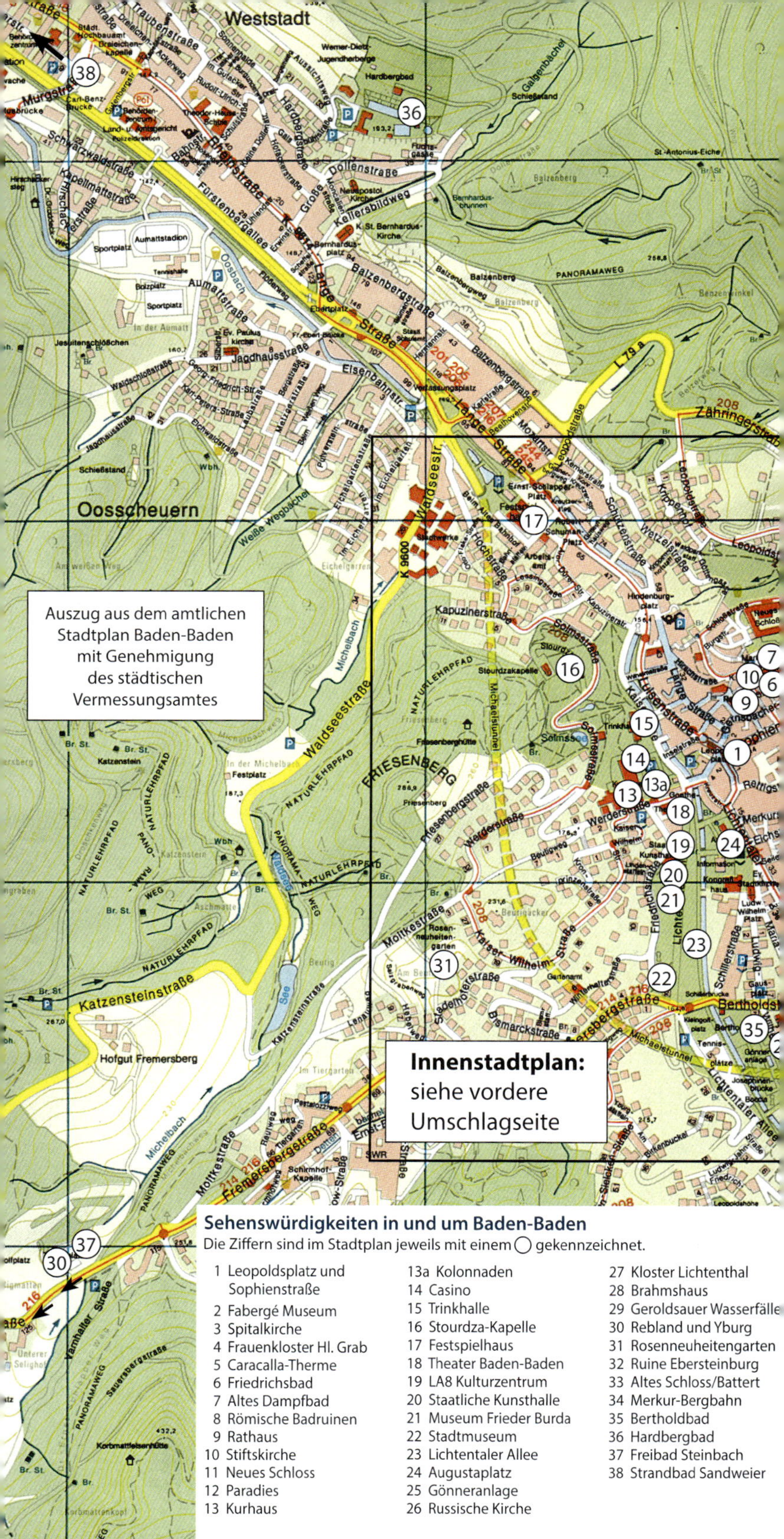

Sehenswürdigkeiten in und um Baden-Baden

Die Ziffern sind im Stadtplan jeweils mit einem ◯ gekennzeichnet.

1 Leopoldsplatz und Sophienstraße
2 Fabergé Museum
3 Spitalkirche
4 Frauenkloster Hl. Grab
5 Caracalla-Therme
6 Friedrichsbad
7 Altes Dampfbad
8 Römische Badruinen
9 Rathaus
10 Stiftskirche
11 Neues Schloss
12 Paradies
13 Kurhaus
13a Kolonnaden
14 Casino
15 Trinkhalle
16 Stourdza-Kapelle
17 Festspielhaus
18 Theater Baden-Baden
19 LA8 Kulturzentrum
20 Staatliche Kunsthalle
21 Museum Frieder Burda
22 Stadtmuseum
23 Lichtentaler Allee
24 Augustaplatz
25 Gönneranlage
26 Russische Kirche
27 Kloster Lichtenthal
28 Brahmshaus
29 Geroldsauer Wasserfälle
30 Rebland und Yburg
31 Rosenneuheitengarten
32 Ruine Ebersteinburg
33 Altes Schloss/Battert
34 Merkur-Bergbahn
35 Bertholdbad
36 Hardbergbad
37 Freibad Steinbach
38 Strandbad Sandweier